회사가 붙잡는
텔레마케터의 1% 비밀

회사가 붙잡는 텔레마케터의 1% 비밀

김수경 지음

TELEMARKETER

두드림미디어

"작가님이 더 유명해지고 잘되셨으면 좋겠어요. 27살 어린 텔레마케터로서 누군가 롤모델이 있었으면 하거든요."

첫 책 《TM은 결과로 말한다》를 출간하고, 인스타그램을 통해 여러 사람으로부터 DM을 받았다. 그중에서도 유난히 내 마음에 감동이 되는 글이 바로 위의 말이다. 저분의 말은 내가 책을 쓴 이유와 정확히 들어맞았다. 지금까지 17년 동안 텔레마케터를 하면서 나의 모든 지식과 경험, 깨달음, 노하우들을 알려주고 싶었다. 나만 알고 끝내는 것이 아니라, 내가 알고 있는 것을 남에게 공유할 때 더없이 행복했다. 그저 누군가가 내 책을 읽고 한 줌의 희망이라도 얻었으면 하는 마음으로 책을 쓰게 됐다. 그런데 이런 글을 보내주시니, 나는 더할 나위 없이 행복했다. 맞다. 나는 남을 섬기고 도울 때 가장 행복을 느끼는 사람이었다.

나는 25세에 보험사에 처음 입사해 지금까지도 텔레마케터로 근무 중이다. 입사할 때부터 "TM은 끝물이다"라는 말을 들었는데, 지금도 그 말은 심심찮게 들린다. 하지만 그 힘들다던 코로나 시국에도 텔레마케터는 비대면이라는 특성이 있어 오히려 활기가 돌았고, 지금도 고객들은 본인이 필요하고 맞는다고 생각하면 스스로 판단해 텔레마케팅 상품에 가입한다. 세상이 갈수록 각박해지고 힘들어지는 것은 사실이다. 그러나 이럴 때일수록 고객에게 더 공감하고 고객을 배려하고 인정해주는 것이 우리에게 더없이 필요하다.

지금 힘들다고 생각하며, 그 힘듦의 원인을 외부에서 찾고 있지는 않은가. '이 길은 내 길이 아닌가 봐' 하며 이직 준비를 하려고 준비하고 있지는 않나. 분명한 것은 모든 원인이 나에게 있다는 것이다. 외부에서 찾는 게 아니라 내면에서 찾다 보면 그 답을 알게 된다. 내가 변하면 답은 정해져 있다. 수많은 세월 동안 감정노동자로, 그 힘들다던 텔레마케터로 근무하면서 성공할 수 있었고, 당당히 TM(텔레마케터)만 한 직업은 없다고 말할 수 있었던 것은 내 멘탈, 마인드 관리, 긍정적인 사고가 가장 큰 이유였다.

'어차피 해야 하니까. 당장은 힘들고 버거워도 이 과정만 잘 해내면 나중에는 행복해지겠지?' 하는 마인드로 일하고 있지는 않은가? 그렇다면 계속 힘들어질 것이다. 힘든 것에 집중을 하면 힘든 일들은 연달아 생기고, 끝내 포기해버리게 되고, 스스로 한계를 짓게 된다. "끝에서 시작하라." 이미 이루어진 것처럼 살아야 한다. 행복은 결과가 아니라 과정에서 누리는 것이다. 현재의 나의 삶을 즐기는 것이 문제의 정답이다.

텔레마케터로 일을 하는 과정에서 나만의 행복을 누려야 한다. 나도 17년째 이 일을 하면서 하루에도 수십 번씩 그만두고 싶을 때가 있었다. 그럼에도 불구하고 포기하고 싶은 생각보다는 '나는 잘될 거야. 나는 운이 좋다. 모든 걸 이기거든. 나는 행복하다. 나는 왜 하는 일마다 잘될까'라고 스스로에게 주문을 걸었다. 내가 이 일을 왜 해야 하고, 내가 이 일을 얼마나 가치 있게 여기는가에 행복이 달려있다. 즐기는 자를 누구도 이길 수 없다. 내가 원하는 일. 내가 일한 만큼 값을 주는 일. 나를 통해 수많은 사람들의 삶의 질이 달라지는 일. 이런 태도를 갖고 일에 임한다면, 누구나 회사에서 붙잡는 최고의 텔레마케터가 될 수 있다.

이 책에는 첫 책《TM은 결과로 말한다》에 이어 텔레마케팅에 대한 더 깊은 나의 생각과 경험과 노하우를 아낌없이 담았다. 책은 총 5장으로 구성되어, 1장에서는 독자의 입장에서 왜 TM을 정확히 배워서 해야 하는지에 대해 이야기한다. 2장에서는 억대 연봉 텔레마케터는 어떻게 영업을 해왔는지 마인드 관리와 쉽게 계약할 수 있는 방법에 대해 알려준다. 3장에서는 어떻게 하면 각박한 고객의 마음을 단번에 사로잡을 수 있는지에 대해 설명한다. 4장에서는 대화가 안 끊기는 TM 영업 기술과 노하우들을 제시한다. 5장에서는 당신의 능력이 얼마나 크고 대단한지 알려주며 TM 능력은 나의 평생자산이 됨을 강조한다.

첫 번째 책에 이어 바로 두 번째 책이 나오기까지 큰 도움을 주신 한국책쓰기강사양성협회(이하 한책협) 김태광 대표님, 권동희 대표님과 한책협 동기, 선후배 작가님들께 진심으로 감사의 마음을 전한다.

마지막으로 세상에서 가장 사랑하고 존경하는 아빠, 내가 원하는 것을 마음껏 할 수 있도록 늘 옆에서 크게 응원해주고 믿어줬던 사랑하는 나의 가족들. 그리고 내 곁에서 묵묵하게 나를 위해 기도해 주고, 대단하다며 항상 응원해주는 고마운 남편에게 무한한 감사의 마음을 전하고 싶다.

김수경

차
례

제**1**장

열심히 하는데
계약이 안 되는 이유

01))

목표를
크게 잡아라

지그 지글러(Zig Ziglar)는 "목표는 커야 한다. 작은 목표는 작은 성취감만 느끼게 할 뿐이다. 목표가 커야 성취감도 크고 자신의 능력을 극대화 시킬 수 있다"라고 말했다.

나는 2007년 12월에 처음 보험회사 텔레마케터로 입사했다. 텔레마케터는 말 그대로 통화로 상품을 판매하는 사람을 뜻한다. 그렇게 내가 첫 출근을 했을 때 팀장은 책상에 한 달의 목표라고 해서 A4용지 한 장을 올려놨다. 매일매일 얼마만큼 계약을 할 것인지 적어야 했고, 한 달 치 목표를 적어서 본인에게 제출하라고 했다. 초등학생도 아니고 성인이다. 모두 돈 벌기 위해 온 것인데 이런 일은 유치하게 왜 시키나 싶었다. 신입이라 어쩔 수 없었던 나는 형식상의 목표를 적어냈다. 팀장은 적어낸 목표치를 다시 컴퓨터로

출력해서 한 사람 한 사람에게 나눠줬다. 그러면서 이렇게 말했다.

"책상 위나 바로 눈에 보이는 곳에 꼭 붙여놓으세요. 매일매일 내 목표가 얼마인지 계속 바라보면서 일을 하면 엄청난 성과를 경험하게 될 거예요."

나는 사실 이 말을 무시했다. 그냥 배운 대로 성실하게 열심히만 하면 되는 줄 알았다. 감시당하는 것도 아니고 기분이 별로였다. 영업은 잘될 때도 있고 죽어라 해도 안될 때가 있었다. 그런데 문제는 목표치를 무시하고 일을 하다 보니 내가 지금까지 얼마의 성과를 냈는지, 철회와 거절된 건이 몇 건이나 있는지 알 수 없었다. 일일이 다 찾아보자니 시간이 꽤 걸리는 일이었다.

옆의 선배는 하루하루 목표치를 보면서 끈질기게 계약을 하려고 했다. 그날 목표치를 못 하고 가면 다음 날은 전날에 못 한 일의 2배는 하고 가야겠다는 말을 했다. 목표 없이 '그냥 하루하루 최선을 다하면 되지'라고 생각했던 내가 너무 바보 같았다. 나는 생각을 바꾸기로 하고 팀장님이 가르쳐주신 대로 목표치를 명확하게 적어냈다. 팀장님 말씀대로 내가 할 수 있는 목표치의 2배를 적었다. 일하기 전에 그날 목표를 바라봤고, 상담을 하면서도 계속 오늘 해야할 목표를 끄적였다.

계속되는 반론에 이전 같으면 포기하고 넘어갔을 고객도 그날의 목표를 달성하기 위해 끈질기게 상담했다. 두 배의 목표를 잡고 일을 하다 보니 2배를 다 달성하지 못하더라도 반절은 할 수 있었다. 상상이 곧 현실이 됐다. 목표를 달성하고 가면 성취감도 들었다. 목표가 있어서 일을 하는 것과 그냥 열심히 일하는 것은 정말 하늘과 땅 차이였다. 이 방법으로 신입사원인 나는 입사하자마자 팀 전체 일등으로 그달을 마감했다. 누군가는 한 달은 운이 좋았다고 말할 수도 있다.

그러나 나는 항상 내가 할 수 있는 평균치의 2배를 목표로 정했고, 20년 가까이 이 일을 해오면서 흔들림 없이 상위권의 자리를 지킬 수 있었다. 내가 쓰는 스크립트는 늘 신입사원들의 교육 자료가 됐다. 나의 녹취 콜 또한 신입 교육생들의 자료로 많이 사용됐다. 나는 그래서 지금도 나만의 목표를 꼭 2배로 정해 일하고 있다. 신입들과 실적에 힘들어하는 기존 직원들에게도 꼭 목표를 크게 잡고 일하라고 조언을 아끼지 않았다. 그 목표를 정하고만 끝나는 것이 아니라 계속 바라보면서 시각화하라고 알려줬다. 상상은 곧 현실이 됐고, 우주의 법칙은 정확했다.

무일푼으로 성공한 자수성가형 백만장자이자 세계적인 성공 컨설턴트인 브라이언 트레이시(Brian Tracy), 그의 과거는 누구보다 비참했다. 힘든 가정환경과 고등학교 중퇴자 신세에 지나지 않았던 그는 접시닦이, 벌목공, 주유소 주유원, 화물선 잡역부 등을 전전하며 낡은 중고차를 보금자리 삼아 추운 겨울을 보내기도 했다. 그러나 세일즈를 시작한 뒤 꿈과 목표를 설정하면서 그의 인생은 달라졌다. 그는 A4용지에 자신조차 믿을 수 없는 꿈과 목표를 적었다. 처음에 그가 적었던 목표는 방문 판매를 통해 매달 1,000달러를 버는 것이었다. 그러나 30일 후 그의 인생은 거짓말처럼 바뀌기 시작했다. 판매 실적을 비약적으로 높여, 실력을 인정받은 그가 정말로 매달 1,000달러의 월급을 받고 판매사원들을 교육하게 된 것이다. 그 후로도 그는 꾸준히 '세계적인 성공 컨설턴트', '베스트셀러 작가', '동기부여가', '회사 설립' 등의 꿈과 목표를 종이에 적었다. 때로는 실패를 경험하기도 했지만, 그는 그때마다 자리에 앉아 목표의 구체적인 실천방안을 모색했다. 그리고 이렇게 해서 세계적인 '브라이언 트레이시 목표 설정 기법'이 탄생할 수 있었다.

전 세계의 수많은 경영인과 성공을 꿈꾸는 사람들이 그의 '성공학'에 열광하고 있다. 그 이유는 누구보다도 많은 실패를 경험한 그가 자신의 실패 경험을 분석하고 해부해 성공 공식으로 정립하는 것에 성공했기 때문이다. 한마디로 그의 인생 자체가 역전 드라마이자 성공학의 교재인 것이다.

트레이시는 이렇게 말했다.

회사가 붙잡는 텔레마케터의 1% 비밀

"성공도 우연이 아니고 실패도 우연이 아니다. 성공하는 사람은 성공에 이르는 일을 하는 사람이고, 실패한 사람은 그런 일을 하는 데 실패한 사람이다."

"성공을 위한 가장 중요한 기술은 누구보다 명확하고 구체적인 목표를 세우고, 이를 실현할 수 있는 세부 계획을 짜는 것이다. 자신이 원하는 것을 정확히 파악해 A4용지에 또박또박 적고 현실적인 데드라인을 설정해, 매일 이를 실현하기 위해 땀이 나도록 뛰는 것이 필요하다."

이는 결국 목표의 크기 자체가 나의 계획을 만든다는 의미다.

처음으로 상해보험을 팔아야 한다면, 1건을 팔기 위해 어떻게 해야 할까? 친한 지인에게 부탁하면 된다. 상해보험 10건을 팔아야 한다면? 소위 말하는 '인싸'들은 친구들에게 팔 수도 있다. 그렇다면 20건을 팔아야 한다면 어떻게 해야 할까? 나라면 등산 동호회에 가입해서 팔 것이다. 자, 이제 50건의 상해보험을 팔아야 한다면? 나는 책을 써서 나를 대중에게 알려, 유명해진 나를 찾아오도록 할 것 같다. 이처럼 방법은 분명히 존재한다. 문제는 우리가 원하는 목표를 이룰 방법에 집중하지 않기 때문에 일어난다.

원하는 목표가 있는가? 그렇다면 무조건 목표를 더 크게 잡아라.

목표가 있음에도 내가 원하는 만큼 계약이 잘 나오지 않는다며, 불평불만만 하고 있지는 않은가? 그렇다면 이제는 원하는 것을 마치 이룬 것처럼 생각하고 말하고 행동하면서 성공자의 사고를 갖추면 된다. 그리고 내가 바라는 것들을 이루기 위해 최선을 다해 노력하면 된다. 나 또한 꾸준히 일하다 보니 생각지도 못한 고객들이 나를 직접 찾아주는 일이 많아졌다. 고객이 나를 대신해서 일하고 있었다. 이처럼 지금부터라도 안 되는 이유 10가지를 찾지 말고, 할 수 있는 방법 10가지를 찾아보면 된다.

매일매일 하루의 목표를 생각하며 일했을 때 나의 업무성과는 계속해서 좋아졌다. 의심하지 말고 나 자신을 믿고 나의 능력을 믿으면 된다. 생각만 하면 아무것도 할 수 없다. 안 되는 일을 생각하지 말고, 당장 명확한 목표를 세워 보자. 내가 변하지 않으면 절대 환경과 고객은 변하지 않는다. 앞으로 한 걸음씩 헤쳐 나가면 반드시 성공의 결실을 맺을 수 있을 것이다.

02 ·))

거절이 무서우면
TM은 오래 할 수 없다

나는 어렸을 적부터 내성적이고 소심한 성격이었다. 친구들하고 잘 어울리지 못했고, 집에서 조용히 혼자 노는 것을 좋아하는 아이였다. 또 말도 잘 못했다. 누군가에게 먼저 말을 걸어 본 적도 없고, 누군가 먼저 말을 걸어도 대답조차 못했다. 그러다 일찍이 사회생활을 하면서 나의 성격은 많이 변했다. 저절로 변했다기보다는 직장에서 살아남아야 하기 때문에 억지로 바꾸려고 했는지도 모르겠다. 활달한 성격은 못 되어도 말 한번 먼저 꺼내 보지 못하는 성격은 아니게 됐다. 그리고 이런 내가 단순히 급여를 많이 준다는 것에 혹해서 보험회사에 입사했다.

사무직인 줄로만 생각했던 자리는 전화로 보험을 판매하는 영업이었다. 고민을 정말 많이 했다.

'나 같은 사람이 영업을 한다고?'

'그것도 생판 모르는 사람한테 보험을?'

'무엇보다 싫은 소리 듣는 것을 싫어하는 내가?'

마음속으로 이렇게 되물었지만 한편으로는 '한번 해보지 뭐, 인생은 영업 아냐?'라며 해보고 싶은 생각도 들었다. 어차피 해도 후회, 안 해도 후회라면 나는 해보고 후회하는 쪽을 선택하기로 했다. 그래서 입사를 했고, 교육을 받고 부지런히 선배님들 콜을 듣고, 배우고 또 배웠다.

드디어 교육이 끝나고 실전으로 업무를 해야 하는 날이 왔다. 헤드셋을 끼고 회사에서 준 데이터베이스(DB)를 보며 무작정 전화를 걸었다. 머리부터 발끝까지 식은땀이 났고, 그동안 밤잠을 설치며 공부했던 모든 것들이 하나도 생각나지 않았다. 너무 무섭고 두려웠다. 하루에 나눠준 DB에는 전부 통화기록을 남기고 퇴근해야 했다. 한편으로 전화를 안 받아주는 고객이 고맙기까지 했다. 전화를 받아준 고객에게도 내가 먼저 "통화 가능하세요?"라고 물어봤다. 이것은 거절이나 마찬가지였다. 내가 통화하기 두려웠기 때문에, 먼저 거절을 한 것이다.

회사가 붙잡는 텔레마케터의 1% 비밀

실장님은 많은 거절을 당해봐야 배우는 거라며 무작정 전화를 수시로 돌리라고 했다. 두려운 마음이 드는 것은 내가 실행해보지 않아서 오는 것이라고 생각하며 다시 마음을 가다듬었다. '해 보자. 하면 된다'라는 마음으로 다시 용기 내어 전화를 걸었다. 고객은 전화를 받자마자 대뜸 육두문자를 퍼부었다. 처음부터 대화하는 중간중간이 다 욕이었다. 욕을 하면서도 나를 가만 안 둔다는 협박까지 하셨다. 정신적 스트레스를 받았으니 보상을 해달라고까지 했다. 나는 신입이었고 너무 무서웠다. 전화를 고객보다 먼저 끊으면 안 된다고 배워서 그 폭언을 계속 듣고 있어야 했다. 아무 말도 못하고 앉은자리에서 펑펑 울었다. 아주 서럽게 울었던 것 같다. 무서워서 울기도 했지만 내가 왜 당하고만 있어야 하는지, 스스로가 바보 같아서 더 울었다.

옆에 있는 선배님은 안타까워 하시며 이렇게 말씀하셨다.

"놀랐지? 우리도 다 처음에는 그랬어. 그거 수경이 너의 인격을 욕한 것이 아니라 너의 제안을 거절하는 거야. 그걸 욕으로 표현한 것이고. 예전부터 우리나라 사람들이 보험에 대해 인식이 안 좋잖아. 너한테 문제가 있어서 그런 게 아니니까 얼른 얼굴 씻고 와서 다시 좋은 고객 만나자. 좋은 고객들이 훨씬 많아."

선배의 말이 이해가 됐고, 다시 툴툴 털어버리고 전화를 걸었다.

고혈압이 있는 분들에게 의사들은 이런 말을 한다. "혈압약은 평생 내 친구다 생각하고 영양제처럼 드시는 게 좋아요." 나는 생각을 바꾸기로 했다. 내가 이 일을 하는 동안은 거절을 무서운 것이 아니라 나의 친구로 받아들이기로 했다. 이렇게 생각이 바뀌니 감정이 바뀌었고, 감정이 바뀌니 나의 말과 행동도 바뀌었다. 고객이 뭐라고 하든지 전화를 끊지 않고 있으면 통화가 가능한 고객이라고 생각했다. 고객이 전화를 끊으려고 하면, 나는 못 들은 척 상품의 장점을 이야기했고, 고객이 이 상품을 가입하면 무엇이 좋은지 친구랑 수다 떠는 것처럼 신나게 설명했다. 단순히 설득하려고만 했다면 고객은 전화를 먼저 끊어버렸을 것이다.

내가 좋은 사람이고 신뢰할 수 있는 사람임을 보여주고 싶었다. 어떻게 하면 나를 믿고 가입해줄까? 최고의 방법은 고객의 인정욕구를 해소해주는 것이었다. 인간의 가장 큰 욕구 중 하나가 칭찬받고 싶고 존중받고 싶은 마음이다. 진심 어린 말로 고객의 인정욕구를 충족시켜줄 수만 있다면 그것이 고객의 마음을 여는 가장 확실한 방법이었다. 고객이 사는 지역, 직업, 나이에 따른 공감으로 고객의 귀를 즐겁게 해줬다. 고객은 내 말을 들어줬고 대화의 물꼬를 쉽게 틀 수 있었다. 고객의 반론에도 '이분은 가입을 할 것이다'라는 전제하에 질문을 이어갔다. 이렇게 해서 나는 하루에도 여러 건의 계약을 성립시켰고, 그 자신감은 곧 청약으로 이어졌다.

텔레마케팅을 하면서 거절은 피할 수 없는 숙명이다. 피할 수 없으면 즐기라고 했다. 나는 솔직히 거절을 즐기지는 못했지만, 고객에게 거절당하지 않도록 연습하고 또 공부했다. 영업의 현장에서 일을 잘하게 되면 사람들의 시기 질투가 없을 수 없다. 계약한 콜만 들었을 때는 고객의 반론도 없이 너무 쉽게 계약하는 것처럼 들리기 때문이다. 좋은 고객 명단을 밀어주는 것 아니냐는 소리까지 들었으니까 말이다. 물론 쉽게 계약해주는 고객들도 있지만, 거절을 하기 전에 내가 먼저 거절하지 못하도록 멘트를 하는 것은 나의 수많은 거절 경험에서 나온 노하우일 뿐이었다.

텔레마케팅을 못하는 사람은 잘하는 사람이 엄청난 노하우를 가지고 있을 것이라고 생각한다. 그래서 끝없이 뭔가를 배우려고 한다. 그런데 진짜 배워야 하는 것은 고객의 거절을 대하는 마음가짐이다. 텔레마케팅을 잘하는 상담원들은 거절을 일상으로 여긴다. 거절했다고 해서 억울해하거나 고객을 원망하지 않고 '내가 알지 못하는 이유가 있었을 거야. 나랑 인연이 아닌가 보다'라는 생각으로 마음을 관리하는 습관을 만든다. 이미 지나간 일은 바뀌지 않는다. 중요한 것은 나를 기다리는 다음 고객들이다.

거절이 무서우면 텔레마케팅을 오래 할 수 없다. 거절을 극복할 수 있는 방법은 첫 번째로 거절을 많이 당하는 것이다. 거절을 많이 당하면서, 내면이 강하고 단단해져야 한다. 그래서 거절이 일상이 되고, 그것에 익숙해져야 한다. 두 번째로 거절을 받아들이는 마음의 자세를 갖추는 것이다. 거절은 나의 인격에 대한 거절이 아니라 상품에 대한 거절이다. 속상하게 생각할 이유가 없다. 1건의 계약을 녹취하기 위해서 수없이 시도하고 수없이 실패를 반복해야 한다. 그래야 내 것이 된다. 몇 번 시도해서 거절당하고 실패했다고 해서 영업 자체가 완전히 실패한 것은 아니다. 텔레마케팅은 확률 게임이다. 거절 자체가 치명적인 실패로 남지 않기 위해, 반복해서 노력할 뿐이다. 거절은 성공에 이르는 계단이라는 것을 잊지 말자.

03))

고객의 입장이 되어 말하라

　'감정노동'이란 말이 뉴스에 심심치 않게 등장하고 있다. 감정노동이란 '감정을 숨기고 억누른 채 회사나 조직의 입장에 따라 말투나 표정 등을 연기하며 일하는 것'을 말한다. 우리나라에는 대략 740만 명의 감정노동자가 있다. 콜센터 직원, 텔레마케터, 항공기 승무원, 식당 종업원, 백화점 판매원, 은행 창구 직원 등이 감정노동자에 속한다.

　한국고용정보원은 730개 직업 종사자 2만 5,550명의 감정노동 강도를 분석·비교한 결과를 발표했다. 그 결과 감정노동의 강도가 가장 높은 직업은 텔레마케터였고, 2위는 호텔 관리자와 네일 아티스트로 조사됐다.

텔레마케터로 일을 하게 되면서 정말 힘든 것은, 내가 하고 싶은 말도 참아야 한다는 것이었다. 내 감정을 억누르고 연기를 할 때가 많았다. '고객은 왕이다'라는 슬로건 아래 나는 당연히 을이 되는 입장이었다. 나도 사람인지라 기분이 좋을 때는 그냥 넘어갈 수 있는 말도, 내 기분이 좋지 않을 때에는 한마디 한마디가 비수로 꽂혔다. 왜 고객 말이 틀린데도 나는 맞는다고 해줘야 하는지, 짜증이 나는데도 왜 웃으면서 상담을 해야만 하는지, 일을 하면 할수록 해결할 수 없는 힘든 부분이었다. 그래서 감정노동자 중 강도가 가장 높은 직업이 됐나 보다 생각했다.

하루는 고객과 통화를 하면서 암보험을 추가로 권한 적이 있었다. 내 말에 공감이라고는 1%도 없던 고객이었다. 어쩌면 사람이 자기 말만 하는지. 내가 말을 했으면 그것에 맞춰 대답하는 것이 일반적인데, 본인 이야기만 계속 하셨다. 나는 빠른 시간 안에 여러 명의 고객을 만나야 했고 실적도 빨리 올려야 했다. 이 고객하고 계속 실랑이할 시간이 없었다.

"고객님, 그래서 하시겠다는 거예요? 안 하시겠다는 거예요?
"그렇게 쏘아붙이면 제가 하고 싶다가도 안 하고 싶죠."

나는 속으로 '안 하실 거면서 자존심은 또 있으시네. 빨리 그냥 끊어주지'라고 중얼거렸다. 고객은 아까 다 설명해드린 보험에 대해 다시 설명을 요청하셨다. 일부러 그런 것 같기도 했지만, 다시 보장내용을 말씀드렸다. 나의 주된 목적은 고객에게 추가로 보험을 가입시키는 것이었다. 보장내용을 짚어드리고 아까 권했던 암보험을 다시 권했다. 고객은 또 딴소리를 하셨다. 너무 지치고 에너지가 다 빠져나가는 것 같았다.

"고객님, 제가 뒤에 기다리고 있는 고객님들이 많아서요. 지금 결정하시기가 어려우시면 통화 종료하고 다음에 다시 연락드릴게요."
"제가 아까 어떤 보험을 유지하고 있다고 했죠?"

나는 꾹 참고 다시 말씀을 해드렸다. 그런데 돌연 고객께서는 해약을 요구하셨다.

"기분이 너무 나빠서요. 제가 지금 유지하고 있는 보험 전부 해약해주세요."
"고객님, 해약하시면 고객님 손해가 크신데 괜찮으시겠어요? 바로 해약접수 부서로 안내해드리면 될까요?"

방금 전 상담 내용은 정말 이기적이었다. 고객을 생각해주는 척 했지만, 순전히 나의 실적에만 급급했던 콜이었다. 고객이 물어볼 것만 물어보고 당장 계약을 해주지 않자 나는 마음이 상했던 것이다. 그래서 고객도 기분이 나빠 해약을 하고 싶어진 것이다. 나 또

한 해약 요청을 하면 다시 보험 가입하는 것이 쉽지 않은 것을 잘 안다. 정말 고객의 입장이 되어 상담을 했다면 최선을 다해 기존 보험을 유지하게 했어야 했다. 그런데 가입 안 해준 고객이 원망스러워서, 해약해서 손해를 보든 말든 그냥 원하는 대로 해약을 연결해 드렸다. 지금 생각하면 나의 이기적이고 경솔한 태도에 너무 부끄럽고, 그 고객에게도 죄송하다는 말씀을 드리고 싶다.

상담 콜에서 좋은 콜은 내 생각과 고객의 생각을 일치시키는 것이다. 같은 상품, 같은 스크립트를 사용해도 누군가는 쉽게 계약을 잘하지만, 누군가는 계속 도입 거절로 힘들다고 한다. 왜일까? 답은 있다. 내가 자기중심적으로 상담을 했는지 고객 입장이 되어 설명을 했는지의 차이다. 자기중심적으로 이루어지는 상담은 상품의 장점만 주야장천 이야기한다. 고객이 무엇을 원하는지는 중요치 않고, 내가 팔고자 하는 상품의 장점을 설득하려고만 한다. 그래서 고객들은 더 이상 들으려 하지 않고 전화를 끊어버리는 것이다.

고객의 입장에서 설명한다는 것은 '내가 고객님이라면 이렇게 했을 것 같아요'라는 마음을 가지고 상담하는 것이다. 이것이 고객 중심적인 상담이다. 항상 고객을 먼저 생각하고 고객이 무엇을 원하는지, 오로지 고객에게만 집중하는 것이다. 그래서 이런 상담은 엄청난 집중력을 요하지만, 고객들도 이 차이를 안다. 이 상담원이 정말 나를 위해 진심으로 상담을 하는지, 나를 배려해주는지 아닌지 말이다. 그래서 같은 상품이어도 같은 스크립트를 써도, 어떤 마음가짐으로 콜을 하느냐에 따라 업무 성과는 크게 차이가 난다.

"그는 세계 제일의 세일즈맨이다. 그와 같은 세일즈맨이 10명만 더 있다면 미국은 다른 나라가 될 것이다. 그는 세일즈 업계에서 신화적인 인물이다."

'자동차 판매왕' 조 지라드(Joe Girard)를 가리키는 말이다. 그는 미국 미시간 주 디트로이트에서 쉐보레 자동차와 트럭을 판매하는 세일즈맨으로서 무려 11년 동안이나 판매실적 1위 자리를 차지해 자동차 세일즈의 전설로 꼽히는 사람이다.

그렇다고 그가 유복한 환경에서 성장한 것은 아니다. 오히려 그 반대였다. 지라드의 어린 시절은 불행 그 자체였다. 미국 디트로이트 동남부 지방의 빈민가에서 태어난 그는 가난과 아버지의 폭행에 못 이겨 학교를 그만두고 구두닦이를 시작했다. 그는 35세까지 40여 개의 직업을 전전하며 방황을 거듭했고, 고등학교 중퇴의 학력은 그가 번듯한 직업을 가지는 것에 걸림돌이 됐다. 지라드는 더 이상 다른 일을 할 수 없게 되자 자동차 세일즈를 시작했다. 그는 어떤 사람을 대하더라도 친절하고 진실했다. 고객의 말을 가슴으로 듣도록 노력했다. 그러자 외모에 상관없이 고객 한 사람 한 사람이 모두 그에게 소중해졌다. 그러자 놀라운 일이 일어났다. 몇 달간 제자리걸음이던 판매현황 그래프가 서서히 상향곡선을 그리기 시작한 것이다. 얼마 후 그는 지점 내에서 1위를 하게 됐다. 그때 한 동료가 비결을 물었다. 그러자 그는 이렇게 말했다.

"한 명의 고객을 250명처럼 대해 봐. 고객 한 사람에게 호감을 얻으면 250명에게까지 관계가 확장될 수 있어. 그리고 고객의 말을 건성으로 듣지 말고 가슴으로 들어야 해. 그러면 자연스레 판매로 이어져."

지라드는 고객이 하는 말을 가슴으로 들었다. 그러자 고객이 무엇을 원하는지 알 수 있었다. 그만큼 고객과 친밀감을 유지할 수 있었고, 고객은 그에게 신뢰를 느낄 수 있었다. 사람들은 지라드를 뛰어난 달변가라고 생각하는 경우가 많았다. 하지만 그는 오히려 그 반대였다. 말은 잘 못하지만 고객이 말할 때 절대 한눈파는 일이 없었다. 그는 고객의 말을 집중해서 경청할 때, 고객 스스로 자신이 특별한 사람이라고 느끼게 할 수 있다는 것을 잘 알았기 때문이다.

고객의 입장이 되어 말하라. 고객의 입장이 되어 상담을 하게 되면 고객의 말을 건성으로 들을 수 없고, 마음을 다해 들을 수밖에 없다. 수많은 마케팅 전화를 받는 고객들이다. 기계적인 말투와 사

회사가 붙잡는 텔레마케터의 1% 비밀

무적인 말투는 반감만 사게 된다. 고객은 인정욕구가 강하다는 것을 늘 잊지 말자. 장점을 보려고 하면 장점만 보이게 된다. 칭찬은 공짜다. 처음이 어렵지 계속 노력하고 시도하다 보면 자연스럽게 칭찬으로 고객의 감정을 살 수 있을 것이다.

04))

계약을 이미 확정한
고객인 듯 말하라

한 번의 상담으로 계약이 이루어지면 참 좋겠지만, 보험이란 것은 한 번의 상담으로 가입을 결정하기 어렵다. 당장 나에게 꼭 필요한 생필품 하나를 사더라도 어디가 저렴한지 이곳저곳 비교해보고 결정하는 세상이다. 하물며 당장에 필요한 것도 아니고 장기간 납입을 해야 하는 보험이라면 더더욱 결정하기 어려울 것이다. 가입을 미루는 것은 당연하다고 생각하면서도, 쉽게 결정하지 못하는 고객이 얄미울 때도 많았다. 이렇게 힘들게 설명을 했는데도 계속 미루고 거절을 당하게 되면 스트레스는 물론이고, 에너지가 엄청나게 소모됐다.

'어떻게 하면 쉽고 빠르게 계약을 할 수 있을까?' 나만 열심히 한다고 해서 될 문제가 아니었다. 나만 열심히 상담을 하면 고객들은

'이 사람 또 보험 추가하라고 하는 거네?' 하고 색안경을 쓰고 듣는 다. 사람들은 내가 필요해서 가입을 하려고 하다가도, 누군가 강요 를 하고 계속 일방적인 말을 듣다 보면 사기가 싫어진다. 누구에게 든 우리는 호객의 대상이 되고 싶지 않은 것이다.

《성경》에 보면 "너희가 기도하면서 구하는 것은 무엇이든지, 이미 그것을 받은 줄로 믿어라. 그리하면, 너희에게 그대로 이루어질 것 이다"라는 말이 있다. 그렇다. 나는 내가 바라는 것들을 생생하게 꿈 꾸면서 우주로부터 끌어당긴다. 이것을 내가 하는 업무에 접목시켜 보고자 했다. '이렇게 열심히 설명을 하고 최선을 다해 안내했는데 왜 보험 가입을 안 하지?'라는 생각에 집중하다 보면 고객은 약속된 시간에 전화를 안 받거나 피하는 경우가 많았다. 그래서 생각을 바 꿨다. 나랑 통화했던 고객은 이미 계약을 확정한 고객인 것처럼 대 하고 말해야겠다고 생각했다. 그렇게 오늘 상담을 해서 가망고객으 로 잡았던 고객도, '이미 계약을 할 고객이다'라고 원하고 믿었다.

"고객님, 며칠 전 보험 상담 도와드렸던 김수경입니다. 오늘 전화 요청하셔서 전화 드렸어요. 그때 설명은 다 들으셨고 생각해보겠 다고 하셨는데요. 고객님처럼 상담 받으셨던 고객님들께서 내용이 너무 좋다고 거의 다 가입을 하셨어요. 고객님도 그때 상담해드린 내용 그대로 녹취해서 가입 올려드릴게요."
"그때 보험료랑 보장금액이 얼마였었죠?"

이것이 군더더기 없이 바로 계약이 성립된 사례였다.

내가 생각을 바꾸지 않고 예전 그대로 고객에게 전화했다면, 나는 이 고객이 안 한다고 하면 어떡하지 하는 두려운 마음으로 전화를 돌렸을 것이다. 전화를 받는 고객에게도 "고객님, 그때 설명해 드린 것 생각은 해보셨어요?"라고 했다면, 고객은 "아니요. 바빠서 생각을 못 해봤어요. 다시 전화주세요" 하고 뚝 끊었을 것이다. 이렇게 전화를 끊게 되면 자존심도 상하고, 자신감도 바닥을 치게 된다. 생각을 바꾸고 난 후, 원하는 것에만 집중하면 내가 상상한 것이 현실이 된다는 것을 정말 많이 경험했다. 성과가 잘 나오니 자신감도 덩달아 올라갔다.

텔레마케터는 자신감이 반이다. 자신감이 곧 실력이 된다. 고객 또한 전화로 나의 목소리를 듣고 판단하기 때문에, 목소리에 자신감이 없다면 고객은 열이면 열 "바쁘다", "나중에 전화해라", "바쁘니까 제발 전화 좀 하지 마세요" 하고 전화를 끊어버린다.

그러나 "고객님, 요즘 너무 바쁘시죠! 제가 고객님 바쁜 시간에만 전화를 드리게 되네요. 고객님 직업을 보고 이 시간이면 한가한 시간일 거라고 생각해서 일부러 시간을 맞춰서 드렸는데, 제가 조금 더 일찍 전화드릴 걸 그랬나 봐요. 중요한 전달사항이 있어서 바로 전달만 해드리고 전화 종료해드릴 건데요. 몇 시쯤 통화가 가능하

회사가 붙잡는 텔레마케터의 1% 비밀

실까요?"라고 이야기하면, 고객은 "뭔데요. 지금 얘기해도 됩니다"
하며 통화를 이어가게 된다.

"고객님, 우선 저희 쪽에 보험가입이 잘되어 있으시고요. 정말 감
사드려요. 유지하시면서 불편하신 점은 없으셨어요?"

"네, 돈만 잘 나가고 있습니다. 어디 아파야 전화라도 하는 거
지 아직까지는 건강해서 관심도 없고 뭐가 들어 있는지도 모르겠
습니다."

"고객님, 그러지 않아도 제가 말씀드리려고 했던 것이 기존 보험
에 있던 보장들이 잘 들어가 있는데요. 아마 여러 번 저희 쪽에서
전화는 나갔을 거예요. 수술비 보장이 너무 적으셔서 최고 한도까
지 추가해드릴 수 있어서 여러 번 전화 드리고 있는데 혹시 통화
를 하셨을까요?"

"수술 할 일이 뭐 얼마나 있겠어요?"

"당연히 없으셔야 하는데요. 살다 보면 예기치 않은 사고들이 많
이 발생하긴 하더라고요. 의료기술 발달로 입원은 오래 하지 않기
때문에 입원비 보장은 추가할 필요는 없고요. 수술비는 예전 보험
은 개복해야지만 나가는 단서조항들이 있었어요. 요즘에는 고객님
도 잘 아시겠지만 로봇 수술이라든가 레이저 수술을 많이들 하잖
아요. 비급여다 보니까 병원비가 비싼 대신에 부작용도 덜하고 훨

씬 회복이 빠르다 하더라고요. 그래도 건강하실 때 가입하시면 아팠을 때, 다쳤을 때 약관이 정한 보장에 따라 수술하실 때마다 반복으로 보장이 되기 때문에 괜찮으실 것 같아요. 더 좋은 것은 다른 회사 보험이 있으셔도 중복보장도 가능하신 부분이에요. 기존 보험에서는 수술비로 사용하시고요. 지금 제가 넣어드리는 것으로는 회복하시면서 맛있는 거 드시는데 쓰셔도 좋을 것 같아요. 보험료도 보장에 비해 비싸지 않기 때문에 통화 연결되셨을 때 정확히 녹취해서 가입 도와드릴게요."

상담은 항상 고객 입장에서 이루어지지만 상담의 주도권을 끌고 가는 것은 상담원인 나라는 것을 잊어서는 안 된다. 고객에게 끌려가지 않기 위해서는 내가 자신감을 가지고 당당하게 임해야 한다. 고객이 원하는 상담을 해야 한다고 해서 모든 것을 고객에게 맞춰주다 보면 상담은 삼천포로 빠지게 되고, 내가 전화를 건 목적을 잊어버리게 된다. 그것은 시간낭비고 계약 성립율도 현저히 떨어뜨리는 일이다. 집중해서 고객과 통화를 하되 계약을 이미 확정한 고객이라고 믿고 자신감 있게 가입했을 때의 이점을 이야기해주면 된다.

정상윤 작가는 《정상윤의 영업 레시피》에서 영업에 대해 이렇게 말하고 있다.

"영업은 상품을 파는 직업이라기보다 고객을 읽어야 하는 직업이다. 영업활동은 살 사람, 안 살 사람, 살까 말까 간 보는 사람을 구분하는 직업이다. 따라서 사람을 읽는 감각을 키우는 것이 가장 중요하다. 영업 고수는 바로 고객의 심리를 읽는 데 고수이다. 이 때문에 규칙적이고 꾸준한 활동량이야말로 가장 우선시되는 성공 법칙인 것이다. 어느 정도 수준의 경험치가 누적되었을 때 비로소 세일즈 프로세스가 제대로 작동하게 되는 것이다. (중략) 영업고수는 바로 고객처럼 생각할 줄 아는 영업인이다. 고객처럼 생각할 수 있게 되면 거절당하지 않는 영업을 하게 된다."

시간은 누구에게나 공평하다. 같은 시간에 같은 DB로 누군가는 만족하는 성과를 내고, 누군가는 하루 종일 그냥 인사만 하다 집에 가는 경우가 있다. 물론 운에 따라서 좋은 고객을 만나기도 하고, 너무 지치고 힘들게 하는 고객을 만나는 일도 있다. 하지만 기회와 운 또한 내가 열심히 했을 때 나에게 주어진다고 생각한다.

"좌우지간 쉬지 않고 전화를 돌려 봐라."

텔레마케팅에서는 수많은 고객을 만나고 부딪치는 것이 가장 배움이 크다. 수많은 거절을 당하면서 고객의 심리를 알게 되기 때문이다. 내가 고객에게 자신감으로 당당하게 다가가고, 상담이 5분 이상 이루어졌다면 계약은 무조건이었다. 그래서 나는 나의 가치를 알게 됐고, 그렇게 생긴 자신감으로 더 당당하게 고객에게 다가갈 수 있었다.

05 ·))

당신이 TM을 배워서
해야 하는 이유

내가 처음 보험사에 입사해서 교육을 받을 때는 전문 보험용어라든가 상품의 보장내용에 대해서만 배웠었다. 보험을 팔려면 어떻게 해야 하는지는 선배님들 콜을 청취해서 무작정 스크립트를 쓰는 것과 고객들의 거절 멘트를 써 보고 외우는 것이 전부였다. 그러나 막상 배운 대로 전화를 하려고 하면 너무너무 힘들었다. 그동안 밤새 가면서 공부한 것은 대체 뭐지? 하루에도 수십 번씩 생각했던 적이 있었다. 당연히 세일즈를 하려면 내가 팔고자 하는 상품을 아는 것은 기본이었다. 그래야 자신감이 생기고 보장내용을 안내할 수 있다.

하지만 세일즈는 단순히 상품만 안다고 해서 팔 수 있는 것이 아니었다. 텔레마케팅은 고객의 마음을 얻는 일이다. 따라서 사람의 심리를 정확히 알고 있어야 다가갈 수 있는 일이었다. 나는 사람에 대해서 공부하기 시작했다. 일이 끝나면 늘 서점에 가서 책을 읽었다. 영업에 관련된 책들은 대면 영업에 관해서만 이야기했기 때문에, 나처럼 텔레마케팅에 관해 배우고 싶어 하는 사람들을 위한 책들은 거의 없었다. 그래서 사람의 마음을 얻는 법을 쓴 책을 파고들었다. 수많은 책을 읽었을 때 공통된 2가지 법칙을 찾았다. 첫 번째는 '내가 생각하는 것과 타인이 생각하는 것은 유사하다'였다. 내가 싫다면 타인도 싫고, 내가 좋으면 타인도 좋아한다. 나의 생각과 타인의 생각을 일치시켜야 하는 것이 첫 번째였고, 두 번째는 무조건 타인의 말을 경청해야 한다는 것이었다.

나는 말을 잘하니까, 나는 성격이 활달하니까, 나는 뭐든지 잘 파니까 하는 생각으로 텔레마케터를 시작하는 분들도 많았다. 쉽게 생각하고 들어왔다가 수많은 거절 속에 금방 퇴사하는 분들도 너무 많이 봐왔다. 텔레마케팅은 성격하고 무관하다. 물론 성실함은 일하는 데 보너스가 된다. 하지만 내성적인 성격이라고 해서 영업을 못하는 것은 절대 아니다. 얼마나 고객을 빛나게 할 줄 아는지, 고객을 인정하고 감사하는 마음이 있는지, 고객에게 무언가를 배우려고 하는 태도가 있는지. 이처럼 경청의 기술과 고객에 관한 관심이 TM에게는 더 중요한 것이다. 사람의 마음을 얻는 법을 배우지 않고서는 TM으로 살아남기 힘들다.

어느 날은 상담을 하는데 전화연결이 잘되지 않아서 앞에 있는 상담원의 통화내용을 들을 수가 있었다. 들어보니 내가 알지 못하는 것들도 많이 알고, 고객에게 상품 전달도 꼼꼼하게 잘하고 있었다. 그래서 나도 '이런 것은 메모를 해서 나도 나중에 상담할 때 사용해봐야지' 생각했다. 그런데 계속해서 듣다 보니 그 상담원은 혼자만 말하고 있고, 고객에게 질문을 하지 않았다. 그래도 계속 들어봤다. 드디어 상담원 말은 끝났고, 상품에 대한 설명도 자세하게 마쳤다.

"다음에 다시 전화드릴게요. 꼭 생각해보세요."

설명만 하고 끝났다. 고객의 대답을 듣지는 못했지만, 아마도 '네, 잘 들었습니다. 생각해볼게요'라고 끊지 않았을까 싶다.

상품을 안내할 때 설명만 하면 고객은 집중하지 못한다. 미안해서 전화를 먼저 끊지는 못하겠고, 수화기만 들고 있다. 통화하며 본인 업무를 보는 경우도 많다. 그래서 상담을 할 때 항상 고객에게 내 설명을 집중해서 듣고 있는지 질문을 해보는 것은 굉장히 도움이 된다. 중간중간에 클로징(Closing)이 꼭 들어가야 한다. 상담을 하다가 주소를 보고 이 주소가 맞는지도 질문을 할 수 있고, 최근에 병원 다녀오신 적 있으시냐고 건강 상태를 질문할 수도 있다. 직업군으로 공감을 사주는 질문을 하는 것도 모두 클로징에 해당된다.

회사가 붙잡는 텔레마케터의 1% 비밀

질문 속에 답이 있고, 질문 속에 니즈가 있다는 것을 꼭 기억하고 상담하면 된다. 고객은 이럴 때 마음의 문을 열게 되고, 나에게 관심을 갖고 있는 상담원에게 계약을 해주게 된다. 고객의 관점에서 생각하고 그들을 만족시키는 것이다.

텔레마케팅에서 또 중요한 것은 나에게 가입해준 고객에게 해피콜을 하는 것이다. 나도 처음에는 한 번 계약하고 끝난 고객에게 다시 전화하는 것이 어려웠다. '괜히 보험 유지 잘하고 있는 고객에게 전화했다가 계약을 취소해달라고 하면 어떡하지' 이런 두려운 생각이 컸다. 그런데 어느 순간 생각이 바뀌었다.

생판 모르는 사람에게 보험을 신규로 가입시키는 것보다 그래도 나를 믿고 가입해준 고객에게 추가 상품 안내를 하는 것이 더 쉽다는 생각이 들었다. 가입하고 전혀 연락을 안 하다가 추가하려고 할 때 전화하는 것보다는, 최근 가입한 고객이 서류는 잘 받았는지, 내용 확인은 잘 하셨는지 재설명 해드릴 것은 없는지 물으며 해피콜을 할 때 추가하는 것이 고객 반응도 훨씬 좋았다.

영업을 잘한다고 하는 사람들은 추가 계약을 잘하는 사람들이다. DB는 한정되어 있고, 그 DB로만 영업을 하기에는 한계에 부딪힐 때가 많다. 그래서 상담 연결이 됐고, 고객이 관심을 보일 때 가족 계약 건까지 같이 묶어서 크게 보장을 넣어주는 것이 좋았다. 이렇게 추가 계약을 잘할 수 있는 것은 항상 고객에게 배우는 자세를 잃지 않았고, 고객을 인정해주며 감사한 마음을 가졌던 것이 가장 컸다. 인정욕구는 인간의 본성이다. 상대방에게 관심을 가지고 경청해주고 고객의 입장에서 상담하는 것을 절대 잊어서는 안 된다.

'경청의 달인'이자 '세계적인 화장품 회사 메리케이(Mary Kay)사의 창업자' 메리 케이 애시(Mary Kay Ash) 회장. 메리 케이는 1963년, 45살의 나이에 여성들을 위한 '꿈의 회사'를 세우기 위해 불과 5,000달러의 자본으로 메리케이코스메틱을 설립했다. 그녀는 믿음, 가족, 일을 우선시하고 조화를 강조하는 인간경영 철학과 리더십으로 오늘날 메리케이사를 세계적인 화장품 회사로 성장시켰다. 메리케이코스메틱은 35개국에 130만 명이 넘는 뷰티 컨설턴트가 활동하는 글로벌 브랜드가 됐으며, 소매 매출액은 연 29억 달러를 넘겼다.

그녀가 이렇게 성공할 수 있었던 것은 '경청하는 능력' 덕분이었다. 그녀는 직원 한 사람 한 사람의 말에 귀 기울여주면서 그들에게 사랑을 보여줬다. 그러자 그들은 회사에 애정을 가지고 최선을 다해 일함으로써 성과를 발휘할 수 있었다. 언제가 애시는 경청하는 능력이 훌륭한 리더의 필수조건이라고 말한 바 있다. 그녀는 "북적대는 방에서 누군가와 이야기를 할 때 그 방 안에 둘만 있는 것처럼 상대를 대한다. 모든 것을 무시하고 그 사람만 쳐다본다. 고

회사가 붙잡는 텔레마케터의 1% 비밀

릴라가 들어와도 나는 신경 쓰지 않을 것이다"라고 말하면서 경청을 몸소 실천했다.

경청은 강력한 설득이다. 뿐만 아니라 경청은 돈 한 푼 들이지 않고, 고객을 내 편으로 만드는 기술이다. 그래서 텔레마케팅을 잘하는 사람은 모두 경청의 달인들이다. 말을 잘하려면 무조건 잘 들어줘야 한다. 그래야 상담원의 한마디가 고객의 열 마디를 누를 수 있게 된다. 고객의 마음을 얻으려면 그 사람의 말을 경청하면 된다. 경청하는 순간 고객은 경계심을 풀고 마음의 문을 열기 때문이다. 최선을 다해 고객의 말에 귀 기울여라. 내가 경청하고 있는지, 아닌지 고객은 알고 있다. 집중하지 않고 딴짓을 하는 순간 고객의 마음은 닫히고 만다는 것을 명심하자. 이게 당신이 텔레마케팅을 배워서 해야 하는 이유다.

06))

말하지 말고
말하게 하라

조단 워즈(Jordan Wirsz)의 저서 《백만장자 비밀수업》에는 다음
과 같은 말이 있다.

"적극적인 경청의 자세는 상대방의 의견을 인정하는 게 아니라
상대방을 인정하는 것이다. 이 세상에는 천차만별의 사람들이 존
재한다. 상대방의 의견에 동의하지 않더라도 그 말에 귀를 기울이
고 그의 의견에 판단을 내리지 않는 것이 상대방을 인정하는 것이
다. 마음속으론 자신에게 이렇게 말한다.

'당신은 존중받을 만한 사람이야. 당신의 말에 나는 공감할 수 있
고 경청할 거야. 당신은 그럴 자격이 있어.' 이처럼 상대방을 인정
한다고 해서 돈이 드는 것은 아니다. 오히려 마음속에서 상대방을
인정하고 존중하면 내게 알 수 없는 힘이 생긴다. 상대방에게 힘을

주기 때문에 나 자신에게도 힘이 생기는 것이다.

　사람들은 대화를 할 때 상대방에게 이끌려 가기보다 주도하기를 원한다. 대화의 주도권을 잡기 위해서는 상대방이 말을 많이 하도록 유도하는 것이 중요하다. 그러기 위해서는 나의 말수는 줄이고 상대방의 말을 경청해야 한다. 무엇보다 상대방의 말을 경청하면 큰 힘을 들이지 않고, 상대방에게 나의 이미지를 좋게 만들 수 있다.

　텔레마케팅을 하는 사람들은 하나같이 말을 잘한다. 말을 못해서 계약을 못하는 경우는 없다. 오히려 말을 지나치게 많이 해서 계약을 놓치는 경우를 많이 봤으니 말이다. 나도 신입 때는 내가 유창하게 말을 잘해야지만 전문가답게 보인다고 생각했다. 고객에게 생각할 틈도 주지 않고 내가 전달해야 할 말을 빠른 속도로 전달했다. 나는 최선을 다해 설명도 잘했고 스스로 완벽하다 생각했는데, 고객들은 쉽게 계약을 해주지 않았고 듣는 반응도 시큰둥했다. 내 설명에 무언가 미흡한 게 있었나 생각하며 상품 공부만 열심히 했던 적이 있었다. 하나라도 더 알려드리고 싶었지만, 그래도 성과는 올라가지 않았다.

　기계 속의 프로그램처럼 계속 통화를 이어갔다. 끊고 걸고 여러 번 반복 끝에 고객이 연결됐다. 나는 또 배운 대로 신나서 상품의 장점만 설명했고, 고객은 듣거나 말거나 내 말만 계속 해댔다. 혹시나 내가 말하는데 고객이 먼저 끊을까 하는 조바심에 말은 더 빨라졌다.

결국 고객이 듣다가 짜증이 났는지 이렇게 말했다.

"그렇게 좋은 거면 상담원이나 가입하세요. 저한테 얘기해봤자 안 할 테니까요."

나는 갑자기 아무 말도 생각나지 않았다. 뭐라고 응대를 해야 할지 전화를 끊고 너무 속상해서 다음 일을 하기 싫었다. 그래서 실장님께 양해를 구하고 일을 잘하는 선배들의 콜을 녹취하면서 공부를 해보자 생각했다.

처음에는 선배님들 콜과 내 콜의 차이를 잘 몰랐다. 나와 선배들의 상품 지식이 비슷했기 때문이다. 설명도 내가 잘했으면 잘했지 못하지 않았다. 그러나 여러 번의 콜을 반복하면서 깨달은 것이 있었다. 잘하는 사람의 콜은 고객이 질문을 하면 거기에 맞춰서 상담만 명확하게 할 뿐이었다. 고객들이 오히려 상담원보다 말을 많이 한다는 것을 알았다. 상담원은 들어주고 리액션을 해가면서 고객을 칭찬해주고 이해해주고, 아주 고객을 들었다 놨다 했다.

나는 무릎을 쳤다. 아! 이거구나. 이 차이였구나. 내가 일방적으

회사가 붙잡는 텔레마케터의 1% 비밀

로 말하지 말고, 고객이 스스로 말하게끔 질문요법을 써 보기로 했다. 그래서 스크립트를 다시 작성했고, 남은 여백에 고객에게 질문을 유도할 수 있는 것들을 적어놨다. 그리고 이런 질문을 했을 때 내가 어떻게 응대해야 하는지까지 달달 외우지는 못하더라도 빼곡히 적어놨다. 그리고 늘 상담하기 전에 나 스스로에게 말했다. '내가 말하지 말고 고객이 말하게 하자'라고 말이다.

결과는 대성공이었다. 내가 말을 하고 싶어 하는 것처럼 고객도 말을 하고 싶었던 것이다. 당연했다. 보험이라는 것은 한번 가입을 하면 한 달만 납입하고 끝내는 게 아니라 기본이 10년 이상이고, 모두 장기적으로 납입을 요하는 상품들이다. 당장 필요해서 가입을 하는 것도 아니고 미래에 대한 불확실성 때문에 가입하는 것이다. 당연히 물어볼 것도 많을 것이고, 궁금한 것도 많을 텐데 나는 무조건 내뱉기만 했다. 고객이 듣든 말든 그저 혼자 떠들었다. 전혀 소통이 되지 않았던 것이다. 입만 아프고 성과는 없을 만했다. 고객을 통해서 배운다는 말이 맞았다. 이 고객을 통해 나는 한 단계 더 성장해갈 수 있었다.

설득이나 대화와 관련된 책을 보면 공통적으로 '질문'을 강조한다. 대화나 설득을 하려면 서로 이야기가 통해야 하기 때문이다. 특히 상담에서의 질문은 정말 중요하다. 질문을 하면 질문을 하는 내가 상담을 이끌어갈 수 있기 때문이다.

장문정 작가는 《팔지 마라 사게 하라》에서 질문의 유익한 점 5가지를 말해준다.

"첫째, 질문은 받은 이가 질문에 대답하면서 수동적인 태도가 아닌 적극적인 태도로 변한다.

둘째, 질문을 받은 이가 자기 견해를 표현함으로써 나 혼자 일방적으로 말하는 것이 아니라 서로 소통한다.

셋째, 내가 말하고자 하는 주제를 추리하게 하고 흥미를 더해준다.

넷째, 내 질문에 입이나 머릿속으로 대답하도록 적절히 자극해 나와 생각을 주고받게 한다.

다섯째, 말로 직접 대답하게 해서 상대방의 의중을 알아내고 내 질문의 의도와 방향으로 이끈다."

회사에서도 직원들과 대화를 하다 보면 일방적으로 본인 이야기만 떠들어대는 사람이 있다. 이런 사람과 같이 있다 보면 기운과 에너지가 쭉쭉 빠지는 느낌이 든다. 이 직원은 혼자 떠들어대며, 상대방 의견 따위는 궁금해하지도 않는다. 그래서 더 만나고 싶지 않고 피하게만 된다. 반면 서로 질문을 해가면서 서로의 의견을 듣고 흥미진진하게 서로의 생각을 주고받노라면, 훌쩍 시간이 가고 다음에 또 만나고 싶은 사람이 있다. 질문은 상대방이 말을 할 수 있게 하는 데 최고의 기술이었다.

어느 날은 상담을 하는데 고객이 나에게 넌지시 질문했다.

"상담원은 몇 살이나 됐어요?"
"서른 셋이에요."

"제 딸이랑 나이가 비슷한데 부모 나이도 저랑 비슷하겠네요. 부모님 보험은 상담원이 다 넣어주나요?"
"넣어주는 것도 있고. 부모님이 직접 납입하시는 보험도 있을 거예요."

"실은 제가 그동안에는 딸이 제 보험을 다 납입해주고 있었어요. 엄마 보험 안 넣어도 된다고 해서 저는 그냥 딸 말만 믿었지요. 그런데 제가 막상 아프고 나서 딸에게 얘기하니 사정이 어려워서 보험이 다 실효가 됐다고 하더라고요. 보험 혜택을 하나도 못 받았어요."

"고객님, 엄청 속상하셨겠어요. 치료는 다 끝나시고 현재는 괜찮으신 거예요? 정말 속상하셨겠지만 따님도 고객님께 얘기하지 못할 만한 이유가 있지 않았을까요? 그만하니 천만다행이에요. 지나간 일에 너무 신경 쓰지 마시고, 앞으로 건강을 잘 챙기시는 게 우선인 것 같아요."

세일즈에서 탁월한 방법은 들어주고 질문하기다. 말하지 말고 고객이 말하게 하라. 최대한 경청해주고 크게 공감해주고 리액션으로 반응해줘야 한다. 주의 깊게 잘 듣고 있음을 친절하게 표현해야 한다. 이때 칭찬을 해주면 더욱더 좋다. 반응해주고 또 반응해주고 끊임없이 반응해줘야 고객을 떠나 보내지 않고, 평생 내 고객으로 만들 수 있다는 것을 잊지 말자.

07 ·))

당신에게
TM 영업이 힘든 이유

젊은 나이에 텔레마케터에 도전하는 사람은 많았지만 다들 오래 버티지 못했다. 매일 반복되는 업무에 하루 종일 쉬지 않고 말을 해야 했고, 사람에 치이다 보면 온몸의 에너지가 다 빠지기도 했다. 몸과 마음이 병들어서 그만두는 사람도 꽤 많았다. 여기보다 더 좋은 곳이 있을까 해서 다른 곳으로 이직하는 분들도 많았다. 여기서는 내가 장기간 텔레마케터로 근무하면서 왜 이 일이 힘들고 많은 사람이 오래 버티기 힘들었는지 몇 가지 이유를 나눠 보고, 해결할 방법을 찾아보고자 한다.

첫 번째로 보험은 우리가 살아가는 데 반드시 필요를 느끼는 상품이 아니다. 우리가 반드시 소유하고 싶은 것들이 있고, 있어도 그만 없어도 그만인 것들이 있다. 내 집, 자동차, 가전제품과 같은 것들은 전자에 해당되지만, 보험은 필요성을 느끼지 못하는 상품이다. 혹시라도 생길 만약의 상황에 미리 대비하는 것이기 때문에 보험이 필요해서 직접 전화주시는 분들은 오히려 이미 늦은 경우가 많았다. 필요성을 느끼지 못하는 사람에게 보이지 않는 것을 판매하는 것은 낙타가 바늘구멍에 들어가는 것처럼 힘들다. 그래서 텔레마케터가 열과 성을 다해서 고객의 마음을 읽고 설득하는 것이다.

두 번째로 보험의 필요성을 못 느끼는 경우다. 왜 보험이 필요한지를 고객이 느끼도록 해야 한다. 사람의 마음을 얻고 사람을 내 사람으로 만들고, 여러 가지 사례를 들어가며 계속 고객에게 보험에 대한 니즈를 심어줘야 한다. 정말 보험에 니즈가 있거나 관심 있게 듣는 분들의 대다수는 현재 투병 중이거나 과거에 크게 입원을 해본 적이 있는 사람들이다. 이런 분들은 거의 인수 심사를 통과하기가 어렵다. 우리는 건강한 사람에게 보험을 안내해야 하는데, 건강한 사람은 평생 본인이 건강할 거라고 생각한다. 그래서 보험에 니즈를 심어서 가입을 시킨다는 것이 여간 어려운 게 아니다. 그래서 쉽게 지치고 포기하게 되는 것이다.

세 번째로 설명도 잘했고 니즈까지 잘 이야기해 가입을 체결시켰는데, 고객이 변심하는 경우다. 막상 가입하고 도착한 서류를 보니 괜히 가입했다는 생각이 드는 것이다. 어떤 고객님은 충동으로 가

회사가 붙잡는 텔레마케터의 1% 비밀

입했다는 말까지 하셨다. "상담원 말에 혹해서 제가 그때 잠깐 정신이 나갔었나 봐요"라고 하시는 분들도 있었다. 힘들게 가입시킨 보험 청약철회가 들어오면 정말 그야말로 멘탈이 무너진다. 마인드 컨트롤이 안 되면 그날 하루를 아예 버리는 경우도 많았다.

네 번째로 완벽하게 잘하려고 하는 것에서 오는 두려움의 문제다. 조금 더 폼 나게 설명하려고 의식하다 보니, 내가 알고 있는 것들을 잘 전달하지 못해서 오는 스트레스가 컸다. 같은 스크립트를 써도 상품 전달의 기술과 방법이 성과를 좌우하기 때문에 누구는 계약을 잘하는데 나만 못하고 있으면 거기서 오는 압박감 또한 엄청나다. 유리 멘탈로는 이를 감당하기 힘든 사람도 많다.

오랫동안 근무하고 있는 나도 매일매일 실적의 압박에 시달린다. 어제 잘한 것은 어제 일이고, 오늘 또 잘해야 했다. 매일의 삶이 긴장의 연속이었다. 이럴 때는 스스로에게 주문을 외웠다. 오늘은 씨앗을 뿌리는 단계고 반드시 거둬들이는 날이 올 것이라고 말이다. 그러면 마음이 한결 편해졌다. 실장이 뭐라 쏘아붙여도 '너는 말해라 나는 안 듣는다'라는 마인드로 대하는 것도 나름 괜찮았다. 오로지 나에게만 집중하는 게 필요했다. 스트레스로 단번에 그만두기보다는, 가늘고 길게 가겠다는 마음으로 내 기분에만 집중했다. 영업이야 잘될 때도 있고 안될 때도 있는 법. 너무 잘하려고만 하면 오래 근무하기 힘들다. '잘'이 아니라 그냥 하면 되는 것이다.

도전을 멈추지 않는다면 한계는 없다. 한계는 누구도 아닌 자기 자신이 만들어내는 것이다. 사람들은 시도도 해보지 않고 포기해 버린다. 그러고는 '여기까지가 내 한계야'라고 스스로 한계를 정해 버린다.

릭 앨런(Rick Allen)은 "불가능, 그것은 나약한 사람들의 핑계에 불과하다"라고 말했다. 불가능과 한계는 도전하지 않는 스스로를 위한 변명과 핑계에 불과하다. 따라서 할 수 없는 이유를 대기보다 할 수 있다는 가능성을 얘기해야 해낼 수 있을 것이다. 할 수 있다고 생각해봐라. 그러면 불가능한 일조차 잘할 수 있을 것이다. 어떤 일이 있어도 스스로 한계를 정하는 어리석은 벼룩 같은 사람이 되어서는 안 된다.

다섯 번째로 텔레마케터는 내가 일한 만큼 돈을 벌어가는 구조다. 일이 잘될 때는 억대 연봉도 쉽고, 이것이 텔레마케터를 선택하는 이유가 되기도 한다. 그런데 텔레마케터 중에 부자는 별로 없다. 매일매일 영업이 잘되면 너무 좋지만, 일을 하다 보면 집안에 갑자기 일이 생길 수도 있고, 감정노동자로 일을 하다 병만 얻어가는 분들도 많았다. 가정에 일이 있어서, 내 몸이 아파서 반년이라도 쉬게 되면 수입이 아예 없어진다. 그동안에 모아 놓은 돈을 써야 하고, 퇴사해도 퇴직금도 없다. 그래서 체력 관리는 필수였고, 내 몸이 아프면 나만 손해였다.

회사가 붙잡는 텔레마케터의 1% 비밀

TM으로 일하다 보면 수없이 힘든 날들이 많지만, 그 힘듦을 힘듦에서 끝내는 것이 아니라 이 힘들고 어려운 과정이 나를 성장시킨다는 것을 알아야 한다. 힘들다고 쉽게 포기해버리면 나는 늘 그 자리에서 성장하지 않고 멈춰버린다. 이겨내고 버텨야지만 한 단계 더 성숙해진다. 나 또한 수많은 고객들을 만나면서 단점보다는 배울 것을 찾게 됐고, 그들과 희로애락을 함께 느낄 수 있었다.

무엇보다도 나의 내면이 정말 단단해짐을 느꼈다. 이제 웬만한 힘든 일에는 꿈쩍도 하지 않는다. 착한 사람보다는 정말 강한 사람이 되어가고 있었다. 내가 힘든 환경 가운데서도 이겨낼 수 있었던 이유이기도 하다. 정말 다양한 고객을 상대하면서 고객이 나를 사람답게 만들어줬다. 그래서 나는 이 일이 참 좋고 행복하다.

자신이 좋아하는 일을 할 때 우리는 성공하는 인생을 살 수 있다. 자신이 좋아하는 일을 할 때 사람들은 지칠 줄 모른다. 또 어려움이 생겨도 스스로 해결하기 위해 노력한다. '어떻게 하면 조금 더 잘할 수 있을까', '내가 가장 잘할 수 있는 일은 바로 이거야.' 이렇게 자신의 분야에서 최고가 된 사람들은 모두가 자신이 좋아하는 일을 했던 사람들이다. 그들은 절대 부모님이나 주위 사람들이 시키는 대로 자신의 길을 택하지 않았다.

여러분도 누군가에게 등 떠밀려서 이 일을 하고 있지는 않을 것이다. 내가 선택해서 온 길이다. 하기 싫은 일을 하게 되면 얼마가지 못해 포기하고 만다. 하기 싫은 일을 하면서 노력과 열정, 끈기를 발휘할 수는 없을 것이다. 성공하는 인생을 사는 비결 중 하나는 내가 좋아하는 일을 하는 것, 그 일을 중간에 포기하지 않고 끈기를 갖고 끝까지 밀고 나가는 것이다. 그래서 나는 힘든 이유가 넘쳐나는데도 이 일이 참 좋다.

제2장

억대 연봉 텔레마케터는
이렇게 영업한다

01))

나의 유일한 비교대상은
어제의 나다

　남과 비교하는 말은 누구나 듣기 싫다. 그럼에도 얼마나 많은 엄마들이 친구 자녀와 비교를 했으면 '엄마 친구 딸', '엄마 친구 아들'이라는 용어가 쓰일까. 그런데 사람들은 비교를 제일 싫어하면서도 늘 남과 자신을 비교하며 살아간다. 이런 비교심리는 사실 본능적이다. 요즘 같이 경쟁이 치열한 시대에는 누가 더 능력 있고, 누가 결혼을 잘하고, 누가 더 타인으로부터 인정받는지를 비교하고 비교당하기 더 쉽다.

　비교는 단기적으로 볼 때 경쟁심을 일으켜 스스로를 분발하게 하는 긍정적인 측면도 있다. 하지만 장기적으로 본다면 비교는 도전정신과 새로운 세계를 경험하고 배울 수 있는 기쁨을 가져가버린다. 비교의 늪에 빠지다 보면 어떻게든 남들 눈에 잘 보이는 게 우선이 되어 내가 자신 있는 것, 내가 잘하는 것에만 매달리게 되기 때문이다. 금방 결과가 나오지 않는 것, 새로운 것, 더 노력해야 하는 것은 시도조차 하지 않게 된다. 그래서 지나친 비교는 고단하고 비생산적인 인생을 초래한다.

텔레마케팅을 하는 나는 매일매일이 비교당하는 삶이었다. 실적으로 답을 내야 하는 업무인 만큼 같은 동료들끼리 비교를 안 할 수는 없는 일이다. 사무실에서는 실시간으로 서로의 영업 실적을 메신저로 보내준다. 잘하는 사람들을 보면 동기부여도 된다. '저분도 저렇게 잘했으니까 나도 열심히 하면 저런 성과를 낼 수 있겠지' 하고 말이다. 그런데 매일매일 거절되고 좌절을 맛보는 가운데 영업 실적 메시지가 오면, 정말 멘탈이 무너질 때가 많았다. 하루는 너무 스트레스를 받고 힘든 가운데 실적 메시지를 받았다.

"실장님, 너무 심한 거 아니에요? 아니 어떻게 시간마다 보내요. 신경 쓰여서 일을 할 수가 없어요. 메신저가 깜빡거리면 고객하고 상담하면서도 집중이 안 됩니다. 하루에 오전 오후 나눠서 두 번만 보내도 충분할 것 같은데요."

누구나 일을 잘하고 싶고, 좋은 성과를 내고 싶다. 그런데 어떤 영업이 내 마음대로 되겠는가. 특히나 영업은 내 마음대로 되는 게 거의 없었다. 다 비우고 내려놔야만 오히려 계약이 잘 나왔다. 스스로의 마음을 컨트롤 하면서 잘하고 있는 사람에게 계속 비교하는 메시지를 보내는 것은 오히려 화를 돋우는 것밖에 안 됐다. 물론 실장님도 위에서 지시하는 것이 있으니, 긴장하고 업무하라며 메시지를 보내는 것을 이해 못하는 바는 아니다. 그 메시지를 받는 내 마음에 따라 기분이 오락가락하기도 했으니 말이다. 그러나 동료들과 비교당하는 것만큼은 정말이지 너무 싫었다.

"수경 씨 오늘은 왜… 분발해보세요. 파이팅!"

물론 나를 진심으로 응원해주는 메시지다. 그런데 나는 왜 썩 고맙지가 않았을까? 내 성격은 완벽주의자에 지극한 계획형이다. 나도 잘하고 싶은데 잘 안되는 내 자신이 답답했고, 철썩 계약할 것처럼 했던 고객들이 모두 도망갔을 때는 너무나 허탈했다. 이럴 때 자존감도 많이 낮아지게 되고 열등감도 생겼다.

그래도 나의 이런 감정을 숨기고 다시 일어났던 덕분에 지금까지 버티고 계속 이 일을 잘 해왔던 것은 맞다. 성실함과 욕심이 있었기 때문에 성과는 나쁘지 않았지만, 정작 내 마음은 늘 기쁘지가 않았다. 끝이 없다는 생각과 매일매일 잘해야 한다는 강박. 그리고 일을 좀 한다는 사람에게는 하루 이틀만 실적이 안 나와도 주변에서 걱정해주는 척하면서 말들이 많았다. 남들의 시선에 왜 내가 맞추면서 살아야 하는지. 얼굴에는 웃음이 사라지고 돈을 벌어도 행복하지가 않았다.

그러던 중 어느 필사방에 올라온 박노해 시인의 시,《너의 하늘을 보아》중에서 〈행복은 비교를 모른다〉를 읽고 생각이 완전히 바뀌었다.

"나의 행복은 비교를 모르는 것
나의 불행은 남과 비교하는 것

(중략)

나의 불행은
세상의 칭찬과 비난에 울고 웃는 것

나의 행복은
덧없는 비교에서 자유로와지는 것"

남과 비교하면 끝이 없다. 한동안 비교하느라 내 마음을 참 많이 괴롭혔다. 열심히 한다고 했는데 뭘 잘못했을까? 혼자 있을 때는 괜찮다고 여겼던 것들이 회사 와서 비교하는 순간 시시한 것이 되어버렸다.

회사가 붙잡는 텔레마케터의 1% 비밀

'남들과 비교하지 않기'란 쉽지 않다. '비교하지 말자!'라고 다짐하는 것도 좋다. 그러나 그보다 더 효과적인 방법은 남들과 비교하는 것이 아니라 '과거의 나', '미래의 나'와 비교하는 것이다. 과거의 나와 비교해 현재의 내가 얼마나 향상됐는지 내가 꿈꾸는 미래의 나와 비교해 현재의 내가 얼마나 발전하고 있는지를 비교해보라.

내 마음은 이제 어떤 비교에도 흔들리지 않는다. 나는 우주의 주인답게 나의 좋은 기분에만 집중했다. 같은 팀에서 일하면서 누군가 먼저 녹취를 하고 계약을 여러 개 해도 열등감을 갖는 게 아니라 오히려 진심으로 기뻐해줬다. 그 좋은 에너지가 나에게 그대로 전달이 된다는 것을 체험했다. 이럴 때 행복은 저절로 따라온다.

텔레마케터는 내가 일한 만큼 돈을 벌어간다. 하지만 나 혼자는 절대로 성공하기 힘든 직업이다. 서로 간의 팀워크가 무엇보다 중요하다. 마음껏 응원해주고 동기부여를 받고, 서로 배우고 함께 나아갈 때 같이 성공할 수 있다.

살면서 비교를 안 할 수는 없다. 그런데 비교를 하더라도 나 자신을 괴롭히는 것이 아니라 나를 자극해서 도전하게 하는 비교를 해야겠다고 다짐했다. 그러면서 나의 행복과 자존감은 계속 상승하게 됐고, 내가 기분이 좋고 행복하니 업무 성과는 저절로 올라갔다.

나의 유일한 비교대상은 어제의 나다. 자신을 별것 없다고 낮추는 비교가 아니라 '나는 이렇게 했는데, 저렇게 하는 사람도 있구나'를 비교해가면서 발전할 수 있는 것이다. 어제의 나보다 더 좋아지고 있는지, 어제의 나보다 한 단계 성숙한 내가 되고 있는지 말이다. 그러면서 나는 모든 순간이 좋아졌다. 나만이 나의 비교대상이 된 지금, 나는 지금의 내 모습을 정말 사랑한다.

02))

왜 그 상담원이 말만 하면
빠져들게 될까?

똑같이 교육받고, 똑같은 스크립트를 사용해도 텔레마케터의 업무성과는 정말 많은 차이가 난다. TM뿐만이 아니라 모든 영업현장에서는 어쩌면 당연한 일인지도 모른다. 모든 사람이 영업을 잘할 수는 없다. 잘하는 사람이 있으면 못하는 사람이 있는 것도 당연한 것이다. 그런데 일을 하다 보면 유난히 일을 잘하는 사람이 보인다. 이들의 특징은 말을 조리 있게 잘하는 것도 있지만, 고객의 마음을 잘 읽는다는 것이다. 그러나 영업은 타고나는 것이 아니라 만들어지는 것이다. 잘하는 영업을 반복적으로 따라 하고 배우면 누구나 성과를 올릴 수 있다.

TM은 모든 통화 내용이 녹음된다. 나는 남의 콜보다는 내 콜을 많이 청취했다. 내가 습관적으로 하는 말들이 무엇인지, 고쳐야 할 것들은 무엇인지 알기 위해서다. 불필요한 단어들은 안 쓰려고 노력했다. 그리고 고객의 언어로 말하고 있는지를 잘 살폈다. 내가 쉽게 생각하는 보험용어도 고객은 모르는 경우가 많다. 전문용어보다는 쉽게 예시를 들어서 고객이 최대한 쉽게 이해할 수 있도록 해야 한다. 짧고 간결하게 말이다. 그래도 잘 이해를 못한다면 숫자로 표현해 이해를 높였다.

우리가 텔레마케팅을 하면서 배워야 할 것이 보험 지식만은 아니다. 내가 상담을 오래 하면서 수많은 고객과 계약할 수 있었던 한가지 비결은 고객을 마음껏 칭찬했던 것이다. 칭찬은 정말 고객을 춤추게 했다. 나는 그래서 텔레마케팅을 하는 사람들은 칭찬하는 것도 배워야 한다고 생각한다. 칭찬도 해봐야 늘지, 안 해본 사람은 어려워한다. 시작이 반이다. 노력해서 고객을 칭찬하라. 신세계를 경험하게 될 것이다. 고객들은 본인이 인정받고 존중받고 있다고 느낄 때 상대를 마음으로 받아들인다. 정말 고객의 마음을 얻고 싶다면, 가장 좋은 방법은 고객이 듣고 싶은 말을 골라서 하는 것이다.

어느 날은 상담을 하면서 암보험에 대한 니즈를 고객에게 이야기할 때였다. 상담을 하면서 나는 나의 개인사를 잘 이야기한다. 내가 마음을 열어야 고객들의 마음을 알 수 있기 때문이다. 나는 내 친정 엄마가 암 진단받은 사례를 말씀드렸고, 어떻게 보험금을 받게 됐고 그 보험금을 어떻게 사용했는지도 말씀드렸다. 한 치 앞도 모르는 게 사람 인생이라고 하지 않았던가. 그러자 고객은 친정 아버지가 폐암을 진단받고 3개월 만에 떠나셨다며 내게 마음을 열었다. 기침이 계속 안 떨어져서 병원에 가서 엑스레이를 찍었는데 큰 병원에 가보라고 했다며 이야기했다. 그리고 아버지는 폐암 3기를 진단받고 너무 쉽게 곁을 떠나셨다고 했다.

"저도 하는 일이 사람 상대하는 서비스 일이다 보니까 담배를 좀 해요. 많이는 아니고 하루에 반 갑 정도 하는데, 담배 피우는 것도 폐암하고 연관이 있을까요? 끊어 보려고 하는데도 쉽지가 않네요."

"그렇죠. 저는 흡연은 안 해봤지만 주변을 보면 끊는다는 게 엄청 힘들다고 하더라고요. 흡연한다고 해서 무조건 폐암을 진단받는 것은 아니에요. 그래도 발암물질이긴 하니, 끊지는 못하더라도 조금씩 줄여 보려고 노력은 해보세요. 오죽하면 담배 끊는 사람하고 다이어트 하는 사람들은 독종이라는 말이 나왔겠어요. 그만큼 엄청 힘들다는 것이겠죠. 조금씩 줄여 가다 보면 끊을 수 있지 않겠어요?"

고객은 다행히 타사 보험에도 암 진단비와 치료비까지 넉넉하게 보장되어 있었다. 그래도 고객은 암보험을 추가로 가입하고 싶어 했다. 진단받기 어려운 백혈병, 뇌암, 골수암 같은 고액암이 아니라 흔히 진단받는 일반 암 보장을 더 넣고 싶다고 했다. 나는 방금 전

고객이 폐암에 대해 염려하시는 것을 듣고 폐암이 고액암으로 포함되어 있는 암보험을 권했다. 갱신형이라는 단점도 이야기했지만 고객은 만족하셨다. 고객은 내가 생각하는 가장 좋은 보험에 가입하는 것이 아니라, 본인이 가장 마음에 드는 보험에 가입한다는 것을 다시 한번 고객을 통해 배우게 됐다.

고객의 장점을 높게 평가하고, 고객을 마음껏 칭찬해주고 마음을 열게 했을 때, 고객은 필요 없는 보험까지도 믿고 가입을 해준다. 고객들은 내게 "상담을 너무 잘해주셔서 제가 또 들어주는 거예요"라고 한다. 필요 없는데도 충동구매 한다는 말도 하시면서 가입해 주는 것을 보면 나에게 보험을 들어 '주는' 것이 맞았다. 그리고 가장 좋은 선물을 해준다. 바로 지인 소개 건이다. 영업을 하는 사람에게 소개는 가장 좋은 선물이다. 이보다 더 기쁜 선물은 없을 것이다.

칭찬을 잘하는 사람은 다른 사람의 기분을 맞춰줄 줄 아는 능력을 가진 사람이다. 똑같은 스크립트를 쓰는데 옆 상담원은 말만 하면 고객들이 쉽게 계약을 해주는 것 같고, 내 고객들은 이상한 고객만 있는 것 같다는 생각을 해본 적 많을 것이다. 그럴 때는 뒤에서 설명할 나의 콜을 잘 들어 봐라. 그러면 금방 답을 찾아낼 수 있다. 칭찬과 아부는 재능으로 하는 게 아니라, 기술이다. 말로 표현하지 않으면 고객은 절대 알 수 없다. 칭찬은 말로 직접 표현했을 때 비로소 그 진심이 전달된다. 잘하는 상담원 콜을 듣고 어떻게 자연스

회사가 붙잡는 텔레마케터의 1% 비밀

럽게 칭찬과 아부가 들어가는지 그대로 따라 하고 배우면 곧 내 것으로 만들 수 있을 것이다.

고객을 향한 칭찬의 영향력은 칭찬한 나에게도 컸다. 나 자신에게 마음의 여유와 낙관적 사고를 가져다줬다. 나의 인격이 올라가기도 했다. 이런 자신감으로 고객을 대할 때 고객은 내가 몇 마디 하지 않아도 그냥 믿고 가입해주게 된다.

"김수경 씨는 같은 말을 해도 사람 기분을 참 좋게 해주네요. 일도 잘하실 것 같아요. 제가 웬만하면 이런 전화 안 받는데 이상하게 오늘은 전화가 받고 싶어서 받았거든요. 뭔가에 홀린 것처럼 계속 듣게 되는 묘한 매력이 있어요. 얼굴도 예쁘실 것 같아요."

"고객님께서 칭찬해주시니 정말 기분이 좋네요. 근데 제가 얼굴이 예쁘면 이렇게 전화로 앉아서 상담만 하겠어요?"

고객은 호탕하게 웃으신다. 나도 고객이 이렇게 호탕하게 웃어주면 너무 기분이 좋다. 고객의 마음이 활짝 열렸다. 어떤 상품을 권해도 반론도 없이 가입을 해줬다. 물론 설계는 항상 고객의 입장에서 최선을 다해 권해드렸다.

"알아서 해주세요. 이렇게만 하면 이제 더 넣을 것 없나요? 추가

할 것 있으면 이왕 넣는 거 제대로 설계해서 넣어주세요."

동료들은 내가 소리 소문 없이 아주 쉽게 계약을 한다고 말했다. 여러 번 말한 것처럼 고객은 상품의 좋은 점에는 크게 관심이 없었다. 그저 고객을 인정해주고 칭찬해주면 고객의 반은 상담원에게 빠져들게 됐다.

텔레마케팅은 내가 팔고자 하는 보험의 좋은 점만 강조해 고객을 설득하는 행위가 아니다. 고객의 입장에서 상품이 왜 필요한지를 이야기하고 가입을 해야 하는 이유를 만들어주는 일이다. 당장에 필요한 생필품을 판매하는 것이 아니다. 당장 눈에 보이지는 않지만 불확실한 미래를 대비할 수 있게끔 만들어주는 것이 우리의 업무다. 고객과 나 사이에 신뢰가 없다면 10년, 20년을 나를 믿고 보험료를 내기 쉽지 않다. 사람은 누구나 타인에게 인정받고 싶은 욕구가 있다. 인정욕구가 충족됐을 때 안정감과 지지받고 있음을 느낀다. 인정욕구는 곧 칭찬의 욕구인데 이 효과는 실로 엄청나다. 왜 그 상담원이 말만 하면 빠져들게 될까? 고객의 마음을 읽을 줄 알고, 인정욕구를 채워주는 칭찬을 아주 잘했기 때문이다.

회사가 붙잡는 텔레마케터의 1% 비밀

03 ·))

틈을 만들고
말을 짧게 쳐내라

텔레마케팅이 어려운 사람일수록 그 문제 원인을 고객 탓, 상품
탓으로 돌리게 된다. 하지만 텔레마케팅에서 실적을 좌우하는 요소
중에 가장 큰 부분을 차지하는 것은 상담 능력이다. 물론 전화하자
마자 고객이 먼저 뚝뚝 끊어버리는 것은 어느 누구라도 당해낼 수
가 없다. 하지만 상담이 어느 정도 이어졌는데 클로징을 한 번도 못
해봤다면, 본인의 상담 능력에서 문제를 찾아봐야 한다. 말투에 얼
마나 에너지를 실었는지, 자신감과 긍정적 분위기가 느껴지는 말투
로 상담을 했는지 점검해보는 것도 필요하다.

일을 하다 보면 통화가 정말 어려운 고객들이 있다. 연결만 되면
상담을 잘 이어나갈 수 있을 것 같은데 문제는 전화를 받지 않는다.
DB가 너무 아깝다는 생각을 많이 했다. 어떻게 하면 이 고객과 통

화를 할 수 있을까? 여러 가지 고민을 하다가 고객의 직업군을 보니, 주로 통화가 어려웠던 고객들은 택배, 교사, 헤어 디자이너, 요식업, 어린이집 교사 등이었다. 그분들에게는 따로 문자를 보냈다.

"가입하신 보험과 관련해 꼭 안내해드릴 사항이 있으니 연락드리겠습니다. 바쁘시더라도 000-0000 번호로 걸려오는 전화를 꼭 받아주세요."

그러면 고객은 전화를 받았다. 정중하게 언제 다시 전화 가능한지도 알려주셨다. 택배 기사님들은 보통 월요일이 쉬는 날이라 하셨고, 미용업을 하시는 분은 오전 통화가 편하다고 하셨다. 요식업은 오후 3시에서 4시 사이가 편하다고 하셨고, 어린이집 선생님들은 늦은 오후 5시 30분에서 6시 사이가 편하다고 하셨다. 너무 감사했다. 계속 부재중이라고 포기해버리지 않고, 되는 방법을 찾아봤더니 정말 문이 열렸다. 이 고객들의 특징은 통화를 붙들고 있는 것이 힘든 거지, 연결이 되어서 니즈 환기만 제대로 해준다면 계약 또한 쉽게 잘하는 편이었다.

여기서 주의할 것은 연결이 됐다고 해서 내 말만 하지 말고 고객이 상담에 집중할 수 있게끔 빠르게 틈을 만들고, 짧고 명확하고 간결하게 설명해주는 것이다.

"고객님 정말 바쁘실 텐데 이렇게 귀한 시간을 내주셔서 진심으로 감사드립니다. 꼭 전달해야 할 부분이 있어서 연락드렸는데요. 바쁘시니 간단히만 말씀드릴게요. 저희 쪽에 15년 전에 넣으셨던 상해보험 하나가 있어요. 건강하셔서 보장은 한 번도 받으신 적 없으셨는데 지금도 건강하시죠?"

"네, 아주 건강합니다. 돈만 내고 있네요."

"너무 다행입니다. 보험 들고 보장 안 받으면 가장 좋죠. 보장은 너무너무 좋은 상품이었는데, 옛날 상품이다 보니 보장기간이 짧아서 만기가 얼마 안 남았더라고요. 그래서 지금 건강하실 때 거의 평생 보장받는 상품으로 추가 가입해서 더 크게 보장받는 것이 가능하세요. 요즘에는 웬만하면 다들 운전하시고, 외부 취미활동도 많이 하시기 때문에 상해보험은 꼭 넣어놓으셔야 하는데요. 그렇게 하시면 미세한 골절 진단비부터 입원비, 수술비에 장해지급률에 따른 진단비까지 완벽하게 보완이 가능하실 것 같아요."

"만기가 다 됐다고요?"

"5년 뒤면 만기가 되는데요. 만기 되고 나서 가입하려고 하시면 가입도 어려울뿐더러 나이가 올라가면 보험료가 올라가서, 지금이 가장 가입하기 좋은 시기예요. 이것 때문에 계속 연락드렸는데 통화가 안 되셔서, 못 도와드렸거든요. 통화 오래 붙들고 있기 쉽지 않은 직업이시니 건강에 대해 몇 가지만 여쭙고 바로 가입해서 심사 올려 드릴게요."

오랜만에 통화가 연결된 고객이라고 해서 지나치게 많은 말을 하거나, 내 말만 길게 해서는 안 된다. 잠깐 틈을 만들어주고 최대한 짧고 간결하게 이야기해, 고객을 내 고객으로 만들어야 한다. 말이 길어지면 고객은 내 상담에 집중하지 못할뿐더러 생각이 많아지게 된다. 생각이 많아지게 되면 결정을 망설이기 마련이다. 최대한 중요한 내용만 짧게 이야기하며, 왜 지금 바로 가입을 해야 하는지를 설명하면 된다. 이때 가장 중요한 것은 나의 자신감과 긍정적인 태도다.

텔레마케팅은 어렵다, 힘들다 생각하면 한없이 지치고 어렵게 느껴진다. 그래서 쉽게 포기하고 그만두는 사람도 많다. 그런데 그 생각을 조금만 틀어주고 방향을 바꿔주면, 되는 방법들이 참 다양하고 많아진다. 어떤 일이든 그 분야에서 성공하기를 원한다면 인내와 노력은 반드시 필요하다. 텔레마케팅은 내가 원하면 언제든지 녹취된 콜을 들어 볼 수가 있고, 내가 상담한 내용도 청취가 가능하다. 해보지도 않고 계속 안 되는 것만 보고 부정적인 말만 내뱉는 것은 같이 일하는 동료들에게도 굉장히 부정적인 영향을 미친다.

회사가 붙잡는 텔레마케터의 1% 비밀

어느 날은 한 동료와 통화를 하는데 계속 본인 고객으로부터 청약 철회가 들어온 얘기를 하느라 입이 삐죽 나와 있는 경우가 있었다. 청약 철회가 들어온 것도 속상한데 상담한 콜을 검수하는 QA(품질보증, Quality Assurance)부서에서, 보완요청이 나왔다며 동료는 내게 불평불만을 늘어놓았다. 처음에는 얼마나 힘들까 위로도 해주고 공감도 해줬다. 근데 하루 종일 틈만 나면 그 얘기를 하는 것이 아닌가. 나도 고객과 상담하느라 너무 지치고 힘든데, 계속 그런 이야기만 늘어놓자 한마디를 하게 됐다.

"그런 부정적인 것은 너만 알고 있으면 안 될까? 그 이야기에 계속 집중하니까 나도 오늘 일도 못하겠고 너무 힘들어. 내가 통화 끝날 때마다 그 이야기하는 거 알고 있었어?"

이미 지나간 것은 붙들고 있을 필요가 없다. 이미 지나간 것은 빨리 잊어버리고 청약 철회 들어온 것까지 2배로 계약을 하려고 하면 되는 것이다. 계약이 빠진 사실에 집중하는 것이 아니라, '빠진 청약을 채우려면 오늘은 2배로 일을 해야겠다'라고 생각해야 하는 것이다. 그래야 더 나은 나를 볼 수가 있고, 성장할 수 있다.

닥치는 대로 가망고객을 발굴해야 한다. 수시로 전화하고 틈을 만들어서 빠르게 계약을 하는 것이 주된 업무라는 것을 잊지 말자. 원하는 것, 하고 싶은 것, 해야만 하는 것에만 집중하면 된다.

상담 중에 고객이 나를 찾았다. 보험료 납입이 자동이체로 되어 있는데 카드로 변경하고 싶다는 문의 전화였다. 카드번호를 정확히 받고 안내부서를 연결해드리려고 했다. 안내해드리면서 고객이 가입한 보험상품들을 빠르게 확인했다. 연령이 높은 분이었는데 다른 보장에 비해 암 진단비는 1,000만 원으로 적게 들어가 있었다.

"고객님, 자동이체 변경을 도와드리면서 가입한 보장내용을 쭉 확인해봤는데요. 다른 보장에 비해서 가장 필요한 암 진단금이 1,000만 원밖에 안 들어가 있더라고요. 다른 보험사에 보장을 많이 들어두셨을까요? 아니면 다른 이유가 있을까요?"

"여유가 없어서 그때 1,000만 원만 해달라고 한 것 같아요."

"고객님, 준비 안 하시는 것보다 1,000만 원이라도 준비해놓으신 것은 정말 잘하셨어요. 그런데 위험률도 높은 연령이시고, 혹시라도 암 진단을 받게 되면 연세가 드실수록 병원에서 부작용은 적으면서도 치료 효과가 높은 새로운 의료기술을 많이 권하더라고요. 건강하시고 중복보장 가능하실 때 1,000만 원을 더 추가해서 2,000만 원 정도 해놓으시면 괜찮을 것 같은데, 고객님 생각은 어떠실까요? 어차피 카드로 납입 변경하시니, 같이 카드납부로 해놓으시면 통장 잔고 일일이 확인 안하셔도 되니까 유지도 편하실 것 같아요. 부담되지 않으시면 같이 보장받도록 추가해드릴게요."

회사가 붙잡는 텔레마케터의 1% 비밀

틈을 만들고 말을 짧게 쳐내라. 어쩌면 이 고객은 납입만 변경해주고 전화를 끊었을 수도 있다. 하지만 우리는 항상 틈을 이용해야 한다. 시도해보는 것과 시도해보지 않는 것은 엄청난 차이다. 처음이 어렵지 해보면 두려움도 사라지고 자신감도 생기고 용기가 생긴다. 잠깐의 틈을 이용해 군더더기 없이 쉽고 간결하게 필요한 내용만 짚어주면 고객은 당장 필요해서가 아니더라도 마음에 들면 가입하게 된다. 생각이 감정을 만들고 감정이 행동으로 옮겨진다는 것을 꼭 잊지 말고 무조건 시도해보길 바란다.

고객의 상상 속에
기대감을 그려라

고객들의 반론 중 가장 힘든 경우는 "돈이 없어요", "여유가 없어요" 같은 내용이다. 신입 때는 당연히 고객 말을 듣고 '돈이 없는데 어떻게 장기적으로 보험을 넣어? 당연히 못 넣지' 하는 마음으로 고객의 말을 수긍해버렸다. 근데 아이러니하게도 돈이 없어서 보험 가입을 미루었던 분들이 사고가 나거나 보상문의를 해오는 경우가 많았다. 그런 분들은 내게 전화해서 이렇게 물었다.

"내가 가입한 보험에 암 진단금이 나오는 게 있나요?"

이 고객님의 보험은 다칠 때 보상받는 상해보험이었다. 속으로 나는 '진짜 들어 있는 줄 알고 물어보는 것인가?' 의심스럽기까지 했다.

사실 보험은 여유가 있고 돈이 있으면 필요가 없다. 큰 병으로 아프거나 다쳤을 때 언제든지 몇 천만 원, 몇 억 원씩 바로 쓸 자금이 있다면 굳이 불확실한 미래에 투자할 필요가 없기 때문이다. 정말 보험이 필요한 사람은 여유가 없고, 삶이 힘든 사람이라고 생각한다. 특히나 대면 영업이 아닌 텔레마케팅은 보장성보험 상품들이 많아서 보험료가 비싸지 않고, 제대로만 설계해놓으면 요긴하게 쓸 수 있다. 문제는 습관처럼 고객께서 전화만 하면 돈 없다, 여유 없다 하시니 이 난관을 어떻게 이겨내야 하나 하는 고민이었다.

당장은 힘들더라도 당장 다가올 앞만 보지 말고 미래도 보셔야 함을 알려주고 싶었다. 그때 생각해낸 것이 상상 속에 기대감을 그려주는 것이었다. 인생에 평생 힘든 날만 있는 것은 아니다. 힘듦이 있으면 좋은 날도 반드시 오기 마련이다. 그때 당시 우리 팀에서는 암, 상해, 건강보험을 집중적으로 판매했다. 나는 연금보험을 고객에게 안내하기로 했다. 연금보험을 잘 공부해서 고객에게 니즈를 끌어내주면 보장성보험에 비해 보험료도 높았고, 나도 실적에 도움이 되고, 고객들에게도 안성맞춤일 것 같았다.

연금보험은 대체로 젊을 때는 조금 수고롭더라도 노후를 편안하게 맞이하고 싶어서 준비하는 것이다. 경제적인 자유를 누리고 싶은 마음은 누구나 다 동일하다. 젊어서 힘든 것은 그래도 괜찮다. 노년에 소득도 없는데 경제력마저 없다면, 자식들한테 손 벌리기도 눈치 보이고 여간 힘든 것이 아니다. 평균수명은 더더욱 늘어나고 있고 유병장수인 시대가 되어버린 요즘, 오래 살고 싶지 않아도 오래 살아야 되는 것이 현실이다.

"고객님, 일하시다 보면 주변에 폐지 줍는 어르신들 한두 번은 보셨죠. 저는 그분들 보면서 너무 마음이 아프더라고요. 저거 주워서 팔면 몇 푼이나 나온다고 저렇게 추운 날에 고생을 하실까 하고요. 용돈 삼아 소일거리로 하신다는 분들도 있겠지만, 남 일 같지가 않았어요. 우리도 노후 준비 제대로 해놓지 않으면 저 모습이 될 수도 있겠다는 생각이 들더라고요. 고객님은 노후 준비 잘되어 있으세요?"

"당장 먹고살기도 힘든데 무슨 노후준비예요? 여유가 있는 사람들이나 하는 소리죠."

"고객님, 지금은 젊으시니 큰 금액이 아니더라도 시간에 투자를 하면 그래도 준비하지 않는 분들보다는 낫지 않을까요? 나중에 은퇴해서 부부 동반으로 해외여행이라도 가실 때 장시간 비행기를 타시려면 힘드시잖아요. 여유 있게 비즈니스석을 타고 가면 참 좋잖아요. 준비 못한 친구들은 돈 아긴다고 이코노미석을 탈 때, 고객님은 배우자와 비즈니스석 라인으로 들어가면 너무 좋지 않겠어요? 평생 일하느라 고생한 고객님과 배우자에게 선물한다 생각하고 넣어놓으셔도 좋으세요. 어차피 통장에 놔둬도 이자 없는 금액인데, 옮겨 놓으신다 생각하고 준비해보세요. 누구도 고객님 노후를 책임져주지 않아요. 나중에 정말 해놓길 잘했다고 생각하실 겁니다."

연금보험뿐만 아니라 사망보험금이 주계약으로 들어가는 종신보험도 고객의 상상 속에 기대감을 그려줬을 때 고객이 그 필요를 진심으로 느끼는 경우가 많았다. 종신보험은 정말 텔레마케팅으로 판매하기 쉽지 않다. 모르는 사람에게 대뜸 전화해서 사망보험금을 안내하는 경우, 기분 나빠 하는 고객도 많기 때문이다. 어느 정도의 라포 형성이 됐을 때 종신보험을 권하게 되는데, 종신보험은 사실 나이 들어 죽음이 두려워서 보험을 넣는다기보다는 젊을 때 미리미리 넣어놓는 것이 보험료도 저렴하고 여러모로 유리하다.

예전에는 결혼을 하면 남편 앞으로만 종신보험을 넣어줬었다. 주부들은 경제활동을 거의 안 했기 때문에 집안의 가장인 남편만 사망보험금을 넣는 것이다. 그런데 지금은 맞벌이도 많고 여자들도 운전을 하기 때문에 부부가 같이 넣는 것이 좋다. 자녀들이 어릴 때는 정말 사망보험금이 필요하다. 나는 보험 상담을 하면서 수많은 고객들을 만났다. 그중 나를 정말 가슴 아프게 했던 것은 가장이 갑작스레 사고로 사망했을 때의 보험금 문의였다. 자녀들이 미취학 아동이거나 미성년인 학생일 때, 너무나 가슴이 아팠다. 더군다나 아내는 직업이 없는 경우, 너무 가슴 아픈 일이지만 산 사람은 어떻게 해서든 살 방도를 찾아야 했다.

"고객님, 절대로 이런 일은 일어나면 안 되지만, 한 치 앞도 모르는 것이 사람 인생이잖아요. 너무 죄송한 얘기지만 그래도 자녀들 어릴 때는 부모 빈자리가 생겨도 교육을 마칠 수 있도록 해놓으셔야 해요. 준비를 해놓는 것과 안 해놓는 것은 엄청난 차이가 있더라고요. 고객님도 주변에서 한 번쯤은 보셨을 거고, 뉴스나 매스컴에도 많이 나오죠. 생각하기도 싫지만 내 자녀들이 힘들게 고생하면서 사는 건 끔찍하실 거예요. 그래서 종신보험을 권해드리는 겁니다. 나중에 자녀들 장성하고 출가하면 이자는 얼마 없더라도 원금 손해 보지 않는 시점에 해약해서 목돈으로 찾아, 가족 해외여행 다녀오셔도 추억에 남을 거예요."

사람을 얻는 일은 쉽고 간단하다. 먼저 나보다 상대의 입장에서 생각하고 행동하면 된다. 그리고 상대의 말을 경청하고 고민을 함께 나누다 보면 자연스레 친밀감이 생긴다. 그러면 고객 스스로 이 상품에 대한 필요를 느끼게 되고 자연스레 "그럼 하나 넣어주세요"라고 말하게 된다.

고객들에게 감동을 주는 데는 여러 가지 방법이 있다. 고객의 이름을 자주 불러주는 일, 사소한 일들을 기억하고 친절한 태도를 잃지 않는 일, 고객의 생일을 챙겨주는 일, 고객의 말을 끝까지 들어

회사가 붙잡는 텔레마케터의 1% 비밀

주는 일, 도움을 청하는 고객에게 최선을 다하는 일 등 다양하다. 그러나 이 중에서 가장 중요한 것은 마음이다. 상담 속에 진정으로 고객을 위하는 마음이 들어 있지 않으면 고객에게 어떤 감동도 전달할 수 없다. 오히려 가식적인 행동으로 불쾌감만 전해주게 된다. 고객을 위하는 진실한 마음으로 상담을 하고 계약이 이루어졌을 때, 나 또한 굉장히 큰 기쁨을 선물 받는다.

연금보험, 종신보험뿐만 아니라 암, 건강, 상해보험 같은 보장성 보험도 상품설명으로 고객을 무조건 설득하려고만 하지 말자. 고객이 막상 진단을 받았을 때, 그때 상황을 말로 그려주는 것이 좋다. '기존에 보험가입을 하셨지만 중복보장으로 더 크게 보장받아라'라는 식상한 멘트보다는, 보험이 넉넉히 있을 때와 없을 때의 상황을 명확하게 그려주면 된다. 먼 이야기처럼 말하는 것이 아니라 현실적으로 정말 누구나 그럴 수도 있겠다 싶은 상황을 그려라. 상상한 결과의 몫은 고객이 정하게 된다. 그러면 고객 스스로 답을 내리게 된다. 분명한 것은 대부분의 고객들은 상상 속의 불안감보다는 기대감을 더 선호한다는 것을 잊지 말자.

05 ·))

고객의 불만은
가장 좋은 선물이다

빌 게이츠(Bill Gates)는 "가장 불만이 가득한 고객은 가장 위대한 배움의 원천이다"라고 말했다. 불평하지 않는 고객들이 사실상 가장 믿을 수 없는 고객이다. 다시 말하면 불평하는 고객이 가장 믿음직한 고객이라는 뜻이다. 사람을 상대하는 일을 하다 보면 나의 기대와 달라서 또는 생각했던 바와 달라서 불만을 제기하는 고객이 종종 있다. 때로는 진짜 내가 잘못한 것도 아닌데 해도 해도 너무하다는 생각이 들어서 화가 날 때도 많았다. 이런 고객을 더 무례하게 대할 수도 없고, 어떻게 노력해야 하는지 항상 고민했다.

처음에 잘 몰랐을 때는 내가 잘못한 것도 아닌데, 나에게 불만을 토로하는 고객을 받아주기가 너무 힘들었다. 그래서 되도록 피하려고 했고, 담당부서로 전화를 연결하고 회피했다. 그런데 그 부서에

회사가 붙잡는 텔레마케터의 1% 비밀

서도 전화를 받지 않자 다시 나에게 전화가 돌아왔고, 고객은 더욱 화가 나 있었다. 내가 이대로 상담을 마친다면 고객은 나쁜 소문을 퍼트리고 다닐 것이 분명해 보였다. 고객들은 기업이 엄청난 돈을 들여서 하는 광고나 그 기업과 관련된 사람이 하는 말보다는, 가까운 제3자의 말을 훨씬 신뢰하는 경향이 있다. 이렇게 되면 회사의 이미지와 영업은 막대한 지장을 받게 된다. 무조건 죄송하다고 말씀드리고, 그냥 고객의 말을 들어주기로 했다. 나 하나 때문에 회사가 손해를 볼 수는 없었다.

고객의 불만은 가입한 보험에 대해 잘못된 설명을 들었다는 것으로 시작됐다. 고객은 매달 종신보험을 고액으로 납부하고 있었다. 가입된 보험으로는 종신보험이 2건, 저축보험이 3건으로, 총 5건이 있었다. 사업을 하는 분이었는데 사업이 잘될 때는 매달 100만 원 가까이 납입하고 있는 보험료가 부담되지 않았다. 그러나 사업이 힘들어지면서 당장에 없어도 괜찮겠다 싶은 보험부터 해약하고 싶었던 것이다. 해약을 하려는데 본인이 생각했던 것보다 손해율이 커서 흥분하셨고, 저축보험으로 가입하고 넣었는데 왜 이렇게 손해를 보냐며 '순 날강도들'이라고 하셨다.

고객의 말이 끝나면 설명을 다시 해드려야겠다 싶었는데, 고객의 흥분이 최고조에 올랐다. 당장 그때 가입한 상담원과 통화하고 싶다고 하셨다. 상담원은 이미 퇴사한 상담원으로 확인됐다. 그러면 녹취한 것을 전부 본인에게 보내달라고 하셨다. 녹취자료는 당연히 원하면 보내드리지만, 그래도 제대로 상담은 하고 끝내야겠다는 생각이 들었다.

"고객님, 녹취자료는 언제든지 원하시면 보내드려요. 녹취자료를 보내드려도 고객님 혼자서는 이해가 어려울 수 있으니, 녹취자료 듣기 전에 제가 다시 한번 가입한 보험 설명을 해드려도 될까요? 설명을 직접 듣는 게 도움이 많이 되실 거고요. 당장 힘들다고 해약을 하면 보험의 경우 고객님이 손해를 많이 보시니까, 최대한 손해를 덜 볼 수 있는 방법을 안내해드리고 싶어서요."

손해를 덜 볼 수 있도록 안내해드린다고 하자, 고객은 갑자기 목소리가 점잖아지셨다. 고객은 내가 낸 돈에 대한 손해가 워낙 크니, 어떤 얘기도 듣고 싶지 않았던 것이다. 내 돈이 소중하면 고객님의 돈도 소중하다. 항상 상담을 하면서 이 마음을 품어야 한다.

"현재 고객님 가입하신 보험 중에 3개의 저축성보험은 고객님이 얼마든지 돈이 필요하시면 중도인출도 가능하신 상품이고요. 이렇게 고객님처럼 갑자기 납입이 힘들어지시면 납입 유예라고 해서 납입을 잠깐 쉬어가실 수도 있는 상품이에요. 사람이 계속 힘든 날만 있는 것은 아니잖아요. 좋은 날도 반드시 오기 때문에 이렇게 고객님처럼 사업이 갑자기 힘들 때는 쉬어가실 수도 있고, 돈이 급하게 필요하시면 중도인출도 가능하고요. 금방 갚을 돈인데 잠깐 쓰고 싶으시면 약관대출 이용도 가능합니다. 지금은 이런 복리이자 상품이 거의 절판되어서 찾아보기 힘들거든요. 무조건 해약하지 않으셔도 가입하신 상품에 이런 다양한 방법들도 있으니까 잘 이용하시면 좋을 것 같습니다."

"아니, 그런 게 있었어요? 저번에 콜센터 통화했을 때는 그런 이야기가 없으시던데요."

"콜센터는 CS 상담원들이라 상품내용은 잘 몰라서 그랬을 거예요. 지금이라도 이렇게 알게 됐으니 고객님 필요하신 대로 잘 활용하시면 될 것 같습니다. 해약하면 고객님만 손해 보시니까 잘 생각해보시고 결정하세요."

"저는 5개월 정도 지나면 좀 괜찮아질 것 같아요. 그럼 납입 유예가 있으면 그렇게 해주시겠어요? 그리고 금방 갚을 수 있을 것 같아서 중도인출보다는 약관대출을 이용해볼게요."

고객이 원하는 대로 부서를 연결해 진행해드렸고, 한두 시간 후에 다시 고객님께 전화를 걸었다. 입금은 잘 받으셨는지, 상담은 잘 받으셨는지 확인해드렸다. 처음 상담할 때와 목소리가 완전히 달랐고, 내게 진심으로 고마워하셨다. 나는 이런 틈을 타서 고객에게 한 가지 질문을 했다.

"고객님, 보험이 5개나 들어가 있는데 5개 모두 2건의 사망 보장 빼고는 저축으로만 보장이 들어가 있더라고요. 고객님 연령대에는 건강보험에 암 진단비는 필수로 넣어놓으셔야 하는데 준비 안 한 이유가 따로 있을까요? 보장성보험은 건강하실 때 넣어놓으시면 보험료도 훨씬 저렴해요. 통신으로 넣어드리는 보험은 저렴하고, 보장도 크게 넣을 수 있는 장점도 있고요. 저축으로 노후 준비는 굉장히 잘되어 있으신 것 같아서, 보장성보험은 만기에 돌려받는 만기환급형으로 저렴하게 부담 없이 보장만 받는 용도로 한두 건은 있는 것이 좋아요. 지금 당장 힘들다고 하셨는데, 힘들수록 힘이 되는 것은 보험이에요. 건강에 관해 몇 가지만 여쭤보고 아예 없는 보장성보험까지 같이 보장받도록 신규 추가해드릴게요. 기존 보험도 언제든지 문의 사항 있으시면 연락 주세요. 최선을 다해 상담을 도와드리겠습니다."

바로 이것이 불만을 말하는 고객을 주목해야 하는 이유다. 불만을 토로하는 고객의 말을 잘 들어주고 경청했을 때, 고객의 니즈를 빨리 캐치할 수 있었다. 불만을 얘기하는 고객을 단순히 나를 귀찮고 힘들게 하는 사람이 아니라 나에게 귀중한 정보를 주는 하나의 소중한 고객으로 여기는 것이다. 나의 경우 처음부터 아무런 불만이 없었던 고객보다, 불만이 있었지만 잘 해결한 고객의 재가입률이 항상 더 높게 나왔다.

불만을 말하는 고객의 말은 잘 경청하고, 잘못된 부분이 있었다면 바로 사과해야 한다. 그 후 해결해드릴 거라는 확신을 심어줘야 한다. 혹시 고객이 오해한 부분이 있다면, 그 오해를 풀어주기 위해서 고객 입장에서 노력하는 모습을 보여줘야 한다. 그러면 그 고객은 나의 태도에 만족하면서 충성스러운 고객으로 변할 수 있다. 앞에서도 말했듯이 고객들은 제3자의 말을 훨씬 신뢰한다. 이러한 고객이 하는 말 한마디 한마디는 상당한 위력을 가지고 주변 사람들의 마음을 움직이게 되고, 이런 불만 고객들이 오히려 지인을 소개시켜주는 경우도 많았다.

고객의 불만은 가장 좋은 선물이다. 고객의 불만을 적극적으로 들어서 해결하겠다는 의지를 보이면, 고객은 상대가 나의 가치를 알고 존중받았다는 느낌을 받는다. 고객이 원하는 것을 해주거나 고객의 불만을 해소해주면 고객은 큰 만족감을 느낀다. 까칠하고 불평불만이 가득한 고객 전화를 피하려고만 한다면 당신은 절대 성장할 수 없다. 우리를 성장시키는 고객은 '네네' 하는 충성고객보다, 불평불만이 많은 고객이라는 것을 명심하자. 이 고객들을 통해 우리는 배우고, 한 단계 한 단계 성장하고, 성숙해지고 성공할 수 있다.

06 ·))

입보다
귀를 열어라

요즘 우리 주위에는 자기 말은 신나게 잘하면서도 정작 다른 사람의 말은 수용과 경청하지 못하는 사람이 많다. 텔레마케터도 마찬가지다. 고객의 말에 진심을 다해 귀 기울이고 경청할 줄 아는 좋은 태도와 습관을 가지게 되면 고객과 라포가 단단하게 형성된다. 텔레마케팅에서 업적을 잘 내는 사람은 말을 잘하는 사람보다는 고객의 말을 흘려듣지 않고, 귀담아 들어주는 경청 습관을 가진 사람이다.

사람들은 누구나 다른 사람으로부터 공감과 존중을 받고 싶은 인정욕구를 가지고 있다. 자신의 말에 귀 기울여주는 사람과는 쉽게 마음을 나누게 된다. 흔히 우리는 말을 많이 하는 사람을 말을 잘한다고 착각한다. 그러나 진짜 말을 잘하는 사람은 내 말을 많이 하지 않고, 다른 이의 말을 경청하는 사람이다. 다른 사람의 말을 적극적으로 들어주는 습관을 가지게 되면, 고객의 마음도 쉽게 얻을 수 있다. 경청을 잘해줌으로써 공감을 얻을 수 있고, 적절한 질문을 곁들이면 대화가 원활해져 계약도 쉽게 할 수 있다.

나는 상담을 하면서 최대한 고객 말을 경청하려고 노력한다. 내가 입을 닫아야 고객의 말이 들리기 때문이다. 그런데 고객도 남의 말 듣기 싫어하는 사람들이 있다. 그런 고객들은 내 말을 중간에 뚝뚝 끊고 대화를 독점하려고만 한다. 그러면 나도 기분이 좋지 않다. 고객도 이런 내 마음과 같을 것이다. 고객이 뭐라도 말하려고 하면 중간에 끊고, 내 말만 열정적으로 하는 상담원이 좋지만은 않을 것이다. 말을 잘하는 사람은 현란한 화술을 뽐내고 싶어 하는 경향이 있다. 그러나 진정한 상담의 고수가 되려면 귀를 여는 것에 익숙해져야 한다. 입보다 귀를 열게 될 때 영업의 성과는 몰라보게 올라간다.

"아니, 목소리도 안 들리는데 언제 그렇게 계약을 했어?"

상품을 잘 파는 상담원들은 경청하는 데 많은 시간과 에너지를 쏟는 사람들이다. 가장 실적이 저조한 상담원들은 상품의 장점을 설명하는 데에 대부분의 시간을 쓰는 사람들이다. 그런 상담원은 고객을 설득하기 쉽지 않으니, 목소리가 하늘을 찌를 듯이 커지고 계약이 안 되면 목만 아프고 고생만 한다. 같이 일하는 동료에게 때로는 민폐를 끼치기도 한다. 사람들은 듣는 것보다 말하기를 좋아하는 습성이 있다. 그래서 잘 듣는 법을 배우고 연습해야 한다. 그러나 나부터도 듣는 것에 익숙하지 않았다.

경청이 훈련되면 고객이 하는 말에 고개가 끄덕여지면서 "맞아요. 저도 그랬어요"라며 공감이 형성된다. 고객이 편안하게 말을 마칠 때까지 말을 가로채면 안 된다. 그래서 나의 상담은 고객의 말을 들어주고 호응해주다가 틈이 생겼을 때 적절한 상품을 권하는 경우가 대부분이다. 그러니 주변에서 아무 소리도 안 들렸는데 언제 그렇게 상담을 하고 녹취를 했냐고 하는 것이다. 잘 들으려면 마음을 완전히 비우고 온몸과 마음을 상대방의 말에 집중해야 한다. 귀가 있다고 들리는 것이 아니다. 들을 줄 아는 귀를 가져야 들린다는 것을 꼭 기억하자.

우리 주변에 말이 너무 많다는 불만은 흔하다. 하지만 말을 너무 많이 들어준다는 불평은 들어 본 적이 없다. 나도 사실 말이 많다. 또 빠르기까지 하다. 그런데 말이 많은 사람은 사실 상담에는 별로다. 그런 이들은 실수도 많다. 내 경험상 말이 많은 사람은 이기적인 사람이 많았다. 배려도 부족하고 공감능력도 떨어지고, 본인밖에 모르는 사람들이 많았다. 그래서 하고 싶은 말이 많아도 그냥 한번 더 생각하고 말하게 됐다. 연습 또 연습으로 나의 성향도 바꿨다. 반대로 유난히 끌리는 사람이 있다. 그런 사람은 만날수록 호감이 생기고, 또 만나고 싶어진다. 내가 무슨 말을 했을 때 수용해주고, 공감해주고 리액션이 강한 사람들이 그랬다. 이런 사람들은 끊임없이 내게 반응을 해준다.

여러 번의 연습과 노력 끝에 나는 대화를 할 때 귀를 여는 것이 습관화 됐다. 그리고 많이 들어줌으로써 고객의 니즈를 찾게 됐고, 상담하는 것이 재미있어졌다. 그런데 이것도 직업이니 할 수 있는 일이었다. 퇴근하고 집에 오면 항상 녹초가 되어 정작 남편 말을 받아주기가 너무 힘들었다. 아무 얘기도 듣고 싶지 않았고, 무슨 얘기를 하면 단답형으로 답했다. 지금 생각해보면 남편이 참 힘들었을 것 같다.

"매일 나만 미워해. 나랑 대화하는 게 싫어?"
"아니, 그게 아니라 너무 피곤해서 그래. 하루 종일 사람들한테 치이다 왔잖아."
"쳇. 얼른 쉬어. 나는 돈 안 주니까 안 들어주네."

경청은 이만큼 힘든 일이다. 상담을 할 때도 서로 라포 형성이 잘 되어 기분 좋은 상담이 있는 반면, 불평불만이 가득한 전화를 걸어 일부러 끊지도 못하게 만들며 일도 못하게 하는 경우도 있다. 차라리 욱해서 욕하고 자기 할 말만 다 뱉고 뚝 끊는 사람이 오히려 고마울 때도 있었다. 상담은 밀려 있는데 일부러 '너 당해 봐라'라는 식으로 말도 천천히 하면서 끊지 않으면, 일을 당장 그만두고 싶기도 하다. 에너지가 쭉쭉 빠지고, 멘탈이 무너진다. 그래도 우리는 다시 마음을 가다듬고 고객의 말을 들어줘야 한다. 이게 우리의 업무다. 그래서 텔레마케터는 나만의 멘탈, 마인드 관리가 굉장히 중요하다.

앞에서 이야기한 메리 케이 애시는 자신만의 사업을 꿈꿨다. 그리고 몇 년 후 자본금 5,000달러로 사업을 시작했다. 뷰티 컨설턴트가 고객과 일대일로 만나 제품을 판매하는 전통적인 방문 판매 회사 '메리케이코스메틱'을 설립한 것이다.

애시는 누구보다 뷰티 컨설턴트로서 한 사람 한 사람을 소중히 여겼다. 수천 명의 직원 이름을 모두 기억했는가 하면 항상 칭찬으로 직원들이 자신감을 가질 수 있도록 동기를 부여했다. 1966년부터는 가장 성공적인 뷰티 컨설턴트에게 핑크색 캐딜락을 수여해 전 세계 경제학자들로부터 창의적인 마케팅 보상 프로그램으로 인정받기도 했다.

그녀의 직함은 회장이었지만 직원들에게 그녀는 친구와 같은 존재였다. 사람들이 그녀를 좋아하고 그녀에게 열광하는 것은 그녀가 상대방의 말을 집중해서 들어주기 때문이다. 그녀의 성공비결은 '경청'에 있다고 해도 과언이 아니다. 그 누구도 내 말을 집중해서 귀담아 들어주는 사람을 싫어하지 않는다.

상대방의 마음을 얻으려면 그 사람의 말을 경청하면 된다. 경청하는 순간, 상대방은 경계심을 풀고 마음의 문을 연다. 최선을 다해 상대방의 말에 귀 기울여라. 내가 경청하고 있는지, 아닌지 상대방이 먼저 알고 있다. 잠깐 팔려면 입을 열면 되고 오래오래 팔려면 귀를 열라고 했다. 언제나 집중하지 않는 순간, 고객의 마음은 닫히고 만다는 것을 명심하자.

07))

고객은 절대로
설득되지 않는다

　텔레마케터 일을 하면서 그만두고 싶은 날들이 수없이 많았다. 고객들은 갈수록 이상했고, 고객들의 비위를 맞춰주고 받아주기에는 나도 한계가 있었다. 이만 했으면 하는 고객들도, 나를 이리 비틀고 저리 비틀면서 속을 뒤집어 놓았다. 통화가 끝날 때마다 한숨 소리는 커졌고, 일이 너무 안된다며 그만두는 직원들이 세상에서 제일 부러웠다. 나는 그만둘 수가 없었다. 가장이었기 때문이다. 나는 힘들다고 남들처럼 그만둘 수도 없었고 버티고 견뎌야만 했다. 처음 이 일을 시작할 때는 '그래, 나에게 물질의 축복을 주셨으니 감사하자. 감사함으로 받으면 버릴 것이 없다'라는 생각으로 임했던 내가, 수많은 거절에 많이 지쳤던 모양이다.

　집에 와서도 힘든 내색을 할 수가 없었다. 어차피 내가 선택한 일이고, 내가 책임져야 한다고 생각했다. 누구의 탓도 하고 싶지 않았다. 욕심 부리지 않고 천천히 가면 스트레스를 덜 받고 일할 수도 있었다. 내가 힘들고 지쳤던 것은 그동안 내가 늘 해왔던 영업 성적이 높았던 이유도 있었고, 그에 따라 위에서 기대하는 눈이 높아진 탓도 있었다. 매일매일 잘해야 한다는 부담감이 컸다. 내 욕심대로 고객들이 설득되지 않을 때 가장 힘들었다. 2등, 3등은 얼마든지 올라갈 수 있는 곳이 있기 때문에 열심히 할 수 있는 동기부여가 된다. 그런데 나처럼 늘 1등을 해온 사람은 그 1등을 놓치지 않기 위해 자리를 지키려 노력해야 했고, 그것은 어린 나이인 나에게 너무나 힘든 일이었다.

아무에게도 말 못하고, 스스로 이겨내려고 했다. 나는 약해 보이는 것이 싫었다. 약해지면 무너질 것 같아서였다. 많이 외로웠고, 두렵기도 했다. 이럴 때마다 자주 예수님께 물었다.

"주님! 주님이라면 저 같은 상황에 어떻게 하셨겠어요. 저에게 지혜를 주세요."

그러고는 아무 일 없다는 듯 현관문을 열고 집에 들어갔다. 회사 일만큼은 집에서 이야기하고 싶지 않았다. 회사 일은 집 밖에서 끝내자고 스스로에게 다짐했기 때문이다. 그러던 중 갑자기 '너에게 가장 좋은 선물을 주는 것은 어때?'라는 마음이 내게 밀려왔다. 나는 돈을 남들보다 많이 벌었지만, 나를 위해 써 본 적이 거의 없었다. 일하고 돈을 버는 목적이 없어서 더 힘들었을 수도 있었다.

그때부터 나는 급여 받는 날은 무조건 백화점에 갔다. 한 달 동안 수고한 나에게 선물을 주기 위해서였다. 그때는 장신구를 참 좋아했다. 목걸이, 귀걸이 세트를 봐 놓은 것이 있었는데 그날은 꼭 사고 싶었다. 들뜬 마음으로 매장에 들어갔는데, 나의 뒤를 바로 따라오는 점원이 내게 물었다.

"뭐 찾으시는 물건 있으세요?"

순간 나는 부담스러워서 뭐라고 대답을 해야 할지 망설였다. 내가 봐 놓은 액세서리 세트가 있었기 때문에 점원에게 말하면 됐다. 근데 나는 대뜸 이렇게 말했다.

"그냥 둘러볼게요."

나는 분명히 살 물건까지 정해놨고, 백화점 매장에 가서 착용만 해보고 바로 구매를 결정하려고 했다. 그런데 점원이 나에게 질문을 하는 순간, 마음에도 없는 말을 해버렸다. 그리고 이것저것 구경하고 다른 것도 둘러봤다. 왜 점원이 도와주려고 질문을 했을 때 내가 원하는 상품을 달라고 하지 않고 '둘러보겠다'라고 대답했을까?

한참을 생각했다. 결론적으로 나는 판매의 대상이 되는 것이 싫었던 것이다. 우리는 살아가면서 필요한 물건이 있으면 구매를 한다. 그런데 내가 누군가에게 판매의 대상이 된다고 느끼면, 바로 거절부터 하게 되는 것이다.

나는 번뜩 정신이 들었다. 그동안 나는 계속해서 고객을 설득하고 상품을 판매하려고만 했다. 고객들이 이상한 것이 아니라 내가 무조건 고객을 설득하려고만 하니, 고객은 미안해서 먼저 끊지도 못하고, 쉽게 결정을 하지도 않았던 것이다.

영업은 절대로 상품을 판매하는 것으로 정의해서는 안 된다는 것을 알았다. 판매만 한다면 절대로 텔레마케터로 오래 살아남을 수 없고, 낮은 실적을 못 견뎌 퇴사하게 된다. 텔레마케터는 무조건 판매하는 일이 아니다. 텔레마케팅은 나를 통해 고객이 상품을 구매하게 만드는 일이었다. 판매하는 것은 파는 사람의 입장이고, 가입하는 것은 고객의 입장이다. 정말 중요한 것을 알게 됐다. 고객의 마음을 살 때 비로소 성적이 오르는 것이다.

생각을 바꿨고, 다시 용기를 얻어 일을 시작했다. 그만둘 수 없다면 견뎌야 했고, 피할 수 없다면 즐겨야 했다. 나는 힘들 때마다 이렇게 내 멘탈을 관리했다. 그러면서 한 단계씩 고비를 넘겼을 때, 또 성장한 내 모습을 볼 수 있었다. 우리는 상대방의 입장을 생각하지 않고, 자신의 입장에서만 말하는 사람을 싫어한다. 반대로 상대방의 입장을 헤아리고 이해해주고 배려하는 사람을 좋아한다. 고객들이 수십 건씩 걸려오는 마케팅 전화를 기피하는 이유도 바로 여기에 있다. 계속 나에게 보험을 강요하기 때문이다.

텔레마케팅을 잘하는 사람은 고객에게 상품만 잘 파는 사람이 절대 아니다. 훌륭한 텔레마케터는 고객이 스스로 상품을 가입하게 만드는 사람이다. 그렇다면 고객들은 어떤 상담원을 통해 가입을 할까? 바로 고객 입장에서 상담해주고 배려심이 깊은 상담원이다. 짧은 시간 안에 대화를 어떻게 유도하는지가 가입을 할지, 안 할지를 결정짓는 중요한 요소다. 듣고 질문하고 또 듣고, 상담원의 이야기는 최소로 줄이는 것이 중요하다. 고객으로 하여금 계속 질문하고 싶게 만들어야 한다. 고객이 최대한 편안한 상태로 말할 수 있도록 하는 것이 텔레마케터에게 필요한 대화 능력이다.

대화를 하다 보면 우리가 고객을 느끼듯이 고객도 상담원이 좋은 사람인지, 아닌지를 파악한다. 말의 리듬만 봐도 느낄 수 있다. 얼굴을 보지 않아도 고객들은 나에게 이렇게 말한다.

"정말 따뜻한 사람 같아요. 저는 전화로는 못 믿어서 절대 보험 가입을 안 하는데 이상하게 김수경 씨한테는 뭔가 끌리는 게 있네요. 설명한 대로 가입해줘 보세요."

회사가 붙잡는 텔레마케터의 1% 비밀

결국 텔레마케팅을 잘하는 비결은 내가 좋은 사람이 되는 것이다. 판매만 해서는 고객은 절대로 설득되지 않는다. 마음을 주고 고객의 입장에서 배려했을 때, 고객은 상품보다는 상담원을 보고 가입한다는 것을 꼭 기억해라. 배려하는 순간, 감동을 주는 사람이 된다. 배려는 결코 어려운 일이 아니다. 지금보다 더 고객의 입장에서 생각하고 행동하라.

고객에게 감동을 주는 배려에는 3가지 조건이 있다.

첫째, 솔직해라. 배려는 결국 타인이 아닌 스스로를 위한 것이다. 때문에 거짓 없이 솔직할 수 있어야 한다. 솔직할 때 배려를 받아들이는 상대방 또한 부담을 느끼지 않는다.

둘째, 나의 관점이 아닌 고객의 관점에서 바라봐라. 나의 관점에서 고객을 바라보면 정작 고객이 원하는 배려를 해줄 수 없다. 왜냐하면 팔이 안으로 굽듯이 결국 나의 관점에서는 나를 위하게 되기 때문이다. 고객이 아닌 나를 위한 행동은 배려가 아니다.

셋째, 고객에게 관심을 가져라. 그렇게 할 때 진정으로 고객이 원하는 배려를 할 수 있다. 따라서 진실한 배려는 고객에게 관심을 가졌을 때 가능하다.

이처럼 고객을 배려함에 있어 가장 중요한 것은 마음이다. 배려 속에 진심으로 고객을 위한 마음이 들어 있지 않으면 어떤 감동도 줄 수 없다. 오히려 가식적인 행동으로 불쾌감만 전해주게 된다. 고객을 무조건 설득하려고만 하면 너무 쉽게 지친다. 매일 그 자리, 그 실적으로 바닥에만 있고 싶지 않다면, 고객을 설득하려고 하지말고 설득당할 수밖에 없게 만들어라. 고객에게 감동을 주는 사람이 되어야 한다. 고객에게 감동을 주는 삶이야말로 성공한 텔레마케터의 삶임을 꼭 기억하자.

제3장

10초 안에 고객의 마음을
사로잡는 7가지 비결

01 ·))

말에도 리듬과
색깔이 있다

똑같이 교육을 받고, 똑같은 스크립트를 써도 누군가의 상담 콜은 뚝 끊어지고, 누군가의 상담 콜은 연결이 잘된다. 목소리 때문일까? 물론 비대면 영업인 텔레마케팅에서 목소리는 중요하다. 너무 기운 없는 목소리로 상담을 하거나 너무 높은 톤에 찢어지는 목소리로 전화를 하게 되면 거부반응도 생기기 마련이다. 그런데 목소리 하나만 듣고 고객이 전화를 거부하는 경우는 많지 않다.

내가 장기간 이 일을 하면서 깨닫게 된 것은 우리가 하는 말에도 리듬과 색깔이 있다는 것이다. 국어책 읽듯 아무 감정 없이 스크립트를 읽어 봐라. 고객들도 본인의 일을 하느라 바쁜데 통화는 지루해질 수밖에 없다.

내 말과 목소리에 고객이 집중하게 해야 한다. 여러 가지 방법이 있겠지만, 내 경험으로는 말에 강약조절과 리듬을 넣는 것이 가장 중요했다. 내가 전달하고자 하는 말을 고객이 듣고, 스스로 그 상황을 그리게 하는 것이다. 우리가 무서운 이야기를 들으면 온몸에 소름이 돋고 오싹해지는 것처럼 말이다.

우리가 친구들을 만나서 내가 잘 알고, 자신 있는 분야에 대해 이야기할 때를 생각해보라. 눈이 반짝반짝하면서 흥분해서 이야기했을 것이다. 상대가 잘 이해하지 못하면 예시를 들어가면서까지 쉽게 설명을 해서 이해를 시키려 했을 것이다. 그때 내 목소리 톤은 어떤가. 밝고 에너지가 넘친다. 우리가 보험을 판매할 때도 똑같다. 단순히 배운 스크립트대로 읽어서 계약을 하는 것보다, 말에 리듬을 줘서 노래하듯이 하면 고객들은 잘 들어줬다. 집중해서 듣기 때문에 내가 한 말에 질문도 해준다.

하루는 건강보험을 판매할 때였다. 학교 급식소에서 일하는 고객은 아무래도 조리업무 쪽에 있다 보니, 밀폐된 공간에서 하루 종일 가스 불 앞에서 일하며 너무 힘들다고 하셨다. 쉬운 일이 어디 있겠느냐마는, 이 고객은 하소연을 특히 많이 하셨다.

"고객님, 그렇게 힘들게 일하시는데 보험은 왜 준비를 안 하셨어요? 건강 걱정하시는 것에 비하면 보장이 적게 들어가 있어서요."

"당연히 많이 넣고 싶죠. 여유가 없으니까 그렇죠."

"고객님, 보험이 없으면 지금보다 훨씬 더 힘든 날이 올 수도 있어요. 생각해보세요, 고객님이 지금도 이렇게 밀폐된 공간에만 있고 가스 불 앞에 오래 있으시니 발암물질에 많이 노출되어 있다고 직접 얘기하셨잖아요. 지금도 이렇게 힘든데 막상 고객님께서 정말 폐암이라도 걸리게 되면 어떠실까요? 한 번이라도 생각은 해보셨어요? 당연히 생각하고 싶지도 않은 얘기지만, 요즘은 너 아니면 내가 암에 걸리는 세상이거든요. 특히나 여자들이 진단받는 폐암의 주원인이 가스 불이거든요. 직장에서도 가스 불 앞에 있는데 우리가 주부로서 집에서 또 요리 안 할 수 없거든요."

이처럼 내가 고객에게 전달함과 동시에 고객의 머릿속에 그림이 그려지게 해줘야 한다. 여기에서 고객에게 아무 감정 없이 암보험을 설명하면, 고객은 어떤 감정도 느낄 수 없을뿐더러 공감되지 않아 섣불리 보험을 가입해야 할 이유도 찾지 못한다. 문장 하나하나에 감정을 실어 보고, 정말 중요한 부분은 강세를 넣어 보고, 또 한 박자 쉬면서 천천히 전달해보는 것이 중요하다. 처음부터 잘할 수는 없다. 이것 또한 엄청난 훈련이 필요하다. 좋아하는 책이 있으면 그 책을 읽으면서 말로 이미지를 그려 봐라. 먼저 단어의 느낌을 느껴 보는 것이다.

나는 주로 《성경》을 읽으면서 이런 훈련을 했다. 예수님께서 말씀하셨던 내용들을 단어로 읽고, 그것으로 끝나는 것이 아니라 단어에서 주는 이미지를 상상하고 그려 보면서 느꼈다. 그렇게 하니 내용도 실감났고, 집중해서 책을 읽으니 더 쉽게 이해할 수 있었다. 자연스레 나의 화법들이 바뀌기 시작했고, 내 말에는 리듬과 색깔이 입혀졌다. 고객들께서는 목소리가 예쁘지 않아도 전문가답다는 말씀을 하셨고, 신뢰를 주는 목소리라는 칭찬도 많이 하셨다. 내 목소리는 사람을 빨려 들어가게 하는 묘한 매력이 있다고도 하셨다. 내가 읽은 내용을 녹취해서 직접 들어보는 것도 내게는 큰 도움이 됐다.

영업을 하면서 분에 넘치는 문화생활도 할 수 있었다. 거의 매달 VIP석에서 뮤지컬을 볼 수 있었다. 나는 어릴 적 성악가나 판소리꾼이 되고 싶었다. 성악가는 아름다운 드레스를 입고 노래하는 모습이 너무 아름다워 보였고, 판소리는 들을 때마다 나의 심금을 울렸기 때문이다. 엄마를 닮아서 노래하는 데 소질도 있었는데, 어려운 살림에 엄마는 무슨 판소리냐며 공부나 열심히 하라고 했던 기억이 있다. 뮤지컬을 처음 보는 날은 너무 가슴이 설렜다. 목소리와 연기로 관객을 몰입시키는 배우들의 집중력은 정말 소름이 돋을 정도였고 환상적이었다.

내가 하는 일도 결국은 목소리로 고객을 집중시키고 설득을 시키는 것이다. 연기하고 있는 뮤지컬 배우와 하나도 다를 것이 없었다. 노래로 감정을 전달할 때도 그냥 목소리를 자랑하려고 크게만 부르는 것이 아니라 리듬을 타서 목소리에 감정을 실었다. 그럼 나는 그 노래 가사에 흠뻑 취해 내가 주인공인 것처럼 행복한 상상을 했다. 뮤지컬 배우가 너무 되고 싶어서 성악 레슨을 알아보기도 했다. 관객을 집중시키고 몰입하도록 하는 것은 실로 대단한 재능이라고 생각했다.

텔레마케팅은 목소리로 첫인상이 결정된다. 고객들이 선호하는 목소리는 우선 듣기에 편안해야 하고, 집중을 시킬 수 있는 정확한 템포가 있어야 했다. 고객에게 정확하게 핵심만 전달하는 능력도 필요했다. 고객에게 '이 상담원 참 똑 부러지네'라는 소리를 들을 수 있어야 했다. 나는 이 일을 25세에 시작했다. 목소리가 너무 어려 보이면 고객들이 무시할까 봐 부단한 노력을 했다. 볼펜을 물어 가면서 책을 읽고, 발음 공부도 꾸준히 했다. 그리고 무엇보다 자신감을 잃지 않으려고 상품에 대해서는 공부하고 또 공부해서, 어떤 질문을 해도 답을 할 수 있을 정도로 노력했다. 상품에 늘 자신감이 있었기 때문에 고객과 소통하는 데에 문제될 것이 없었고, 상담하다가 고객의 장점이 보이면 마음껏 칭찬해줄 여유도 갖추게 됐다. 고객이 무엇을 요구하는지도 빨리 캐치할 수 있어서 고객으로부터 감동받았다는 말도 많이 들었다.

영국이 낳은 세계적인 배우, 찰리 채플린(Charles Chaplin)이 무명 시절 철공소에서 일할 때의 이야기다. 어느 날 바쁜 일 때문에 식사를 하지 못한 사장이 그에게 빵을 사오라고 부탁했다. 저녁 시간이 지나서야 사장은 채플린이 가져다준 봉투를 열어볼 수 있었다. 그런데 그 안에는 빵 한 개와 와인 한 병이 들어 있었다. "와인은 시킨 적이 없는데?" 사장은 채플린에게 이유를 물었다. 그러자 채플린은 이렇게 대답했다.

"사장님은 일이 끝나면 언제나 와인을 드시곤 했습니다. 그런데 오늘은 마침 와인이 떨어진 것 같아서 제가 둘 다 사왔습니다."

이 말에 감동받은 사장은 채플린의 일당을 올려줬다. 뿐만 아니라 그 후로 그를 대하는 태도마저 완전히 달라졌다. 그렇다면 채플린은 왜 사장이 시키지도 않은 와인까지 사왔을까? 그것은 그가 사장의 입장을 헤아렸기 때문이다. 만일 그가 사장의 입장에서 생각하지 않았다면 그저 시키는 대로 빵만 사왔을 것이다. 그랬다면 사장이 채플린의 행동에 감동받는 일도, 일당이 오르는 일도 없었을 것이다.

우리가 매일 고객과 나누는 말에도 리듬과 색깔이 있다. 경쾌한 리듬에 아름다운 색깔을 입히고 싶은 것은 누구나 다 동일할 것이다. 내 감정에 충실하고 나의 좋은 기분에 집중하면 목소리에는 자

회사가 붙잡는 텔레마케터의 1% 비밀

연스레 밝은 에너지가 전달된다. 또 경쾌한 리듬에는 고객을 사랑하고 존중하는 마음이 전달된다. 그러면 고객은 단순히 영업사원으로 나를 보는 것보다 내 말에 집중하게 되고, 내가 전달하는 상상 속 그림을 그리게 된다. 고객이 무엇이 필요한지 빠르게 파악하고 나에게 집중하게 하라. 우리는 매일같이 연기하는 연기자라는 것을 잊지 말자. 이렇게 했을 때 여러분의 맛있는 화술에 고객들은 스스로 계약을 해줄 것이다.

02 ·))

상담 속에
정보가 있다

이병철 회장은 생전에 남의 말을 끝까지 경청하고 판단하는 경영자로 알려져 있었다. 아버지의 영향인지 이건희 회장 또한 상대방의 말을 끝까지 경청하는 경영자로 유명했다. 그럼에도 이어령 전 문화부장관은 "그의 한마디가 나의 열 마디를 누른다"라는 말로 이건희의 경청에 감탄을 표하기도 했다.

상담을 함에 있어서 경청은 정말 떼려야 뗄 수 없는 단짝이다. 고객의 입장에서 생각하고, 고객을 존중하는 마음은 경청에서 비롯된다. 내가 고객보다 말이 많다면, 자신의 콜을 피드백 하는 훈련이 정말 필요하다. 우리가 경청에 훈련되어 있지 않고 내 말만 하는 것을 좋아한다면, 이곳에서 일이 안 된다고 한탄하지 말고, 다른 일을 알아보라고 말하고 싶다. 텔레마케팅을 정말 잘하는 사람은 화술도 뛰어나야 하지만 경청을 잘해야 한다. 고객과 통화하는 상담 안에서 고객의 정보를 캐치할 수 있기 때문이다.

텔레마케터는 처음 만나는 고객들이 대부분이다. 반갑게 맞아주는 고객들은 정말 손에 꼽는다. 그래도 절대로 포기하지 말고 있는 그대로 밝게 나아가면 된다. 몇 번의 전화에서 계속되는 거절을 들었다고 실망해서는 안 된다. 나는 여러 번 전화를 해서 지쳤지만, 고객은 내 목소리를 처음 듣기 때문이다. 항상 한 사람 한 사람 최선을 다해서 전화해야 한다. 그러면 반드시 나를 좋아해주는 사람이 있고, 나의 상담에 응해주는 고객이 나타난다. 그럴 때 상담으로 자연스럽게 넘어갈 수 있는 것이다. 전화를 받았다고 해서 '금방 또 끊어버리면 어떡하지?' 하는 조급한 마음에 말을 빨리하거나 흥분해버리면 고객을 또 놓칠 수가 있다.

기존에 보험이 하나도 없는 고객이라면 대체로 우리나라의 많은 사망 원인이 암이고, 누구나 암에 대한 위험을 가지고 산다는 사실을 알려주며 암보험을 권하면 가입하는 비율이 높았다. 바로 상품을 판매하려고 하면, 고객의 반감을 사기 때문에 이렇게 상담을 해주면 고객은 내 이야기에 집중했다.

"고객님, 요즘 주변에 보면 암 환자들이 너무 많죠. 어제 통화한 고객님도 고객님 연배와 비슷한데 동창모임에서 친구가 '어디 아파서 오늘은 못 가겠어'라고 하는 경우, 듣고 보면 다 암이라고 하시더라고요. 고객님 주변에도 혹시 암 진단받은 분들이 계세요?"

"너무 많죠. 예전에는 병원을 잘 안 가서 몰랐는데, 요즘에는 병원을 워낙 자주 가니까 더 진단을 많이 받는 것 같기도 해요."

"진단받으셨던 분들은 건강히 사회생활을 잘하시죠?"

"그럼요. 암 걸리면 죽는다는 말은 옛말이더라고요. 암 환자 같지 않으세요. 더 건강을 챙기니까 저보다 건강한 것 같아요."

"요즘에는 정말 암이 무서운 게 아니라 돈이 무서운 것 같아요. 돈만 있으면 치료가 되니까요"

"제 친구도 유방암 진단받은 친구가 있는데. 보험이 있긴 있었는데 항암치료 하면서 다 써버렸대요. 유방복원 수술은 본인 돈으로 했다며, 보험 많이 안 넣어놓은 것을 후회하더라고요."

이처럼 고객과 통화를 하다 보면 상담 속에서 정보를 찾을 수 있다. 보험이 하나도 없으니 가장 대중적인 암보험을 권했던 것이고, 그마저도 바로 권하지 않고 사회적 이슈를 꺼내 이야기를 풀어냈다. 주변의 이야기로 고객의 관심을 끌어내는 상담이었다. 고객은 친구의 실제 사례를 얘기하시면서 암보험에 대한 니즈를 알려줬다. 그런데 고객은 암보험이 하나도 없으셨고, 필요성을 전혀 느끼지 못하고 있었다. 내가 전화를 해서 '암보험 없으니 하나 넣으세요'라고만 했다면, 이 고객은 '아는 분이 있다. 제가 알아서 할게요' 하고 끊었을지도 모른다. 질문을 통해서 고객의 정보를 알게 됐고, 친한 친구를 통해서 본인도 몰랐던 보험의 필요성을 느끼게 했으니 가입까지 갈 수 있었던 것이다.

하루는 치매보험을 판매하고 있을 때였다. 치매보험에서 고객들이 정말 자주 했던 질문은 "치매 걸리면 죽어버려야죠. 자식들 고생만 시키고"라는 말씀이었다. 이런 분들은 다른 건강보험은 다 준비를 해놨지만, 치매보험은 할 필요가 없다며 계속 거절을 하셨다. 치매보험을 안내하면 "나는 치매는 절대 안 올 것 같아요" 하시는 분들도 많았다. 그것은 그저 치매만큼은 절대로 걸리고 싶지 않아서 하는 소리로 들렸다. 사실 요즘 같은 핵가족화 시대는 자식들이 부모를 부양하는 시대가 아니라, 오히려 정말 필요해진 보험인데 고객들은 관심이 없었다. 그래도 나는 치매보험을 고객들에게 많이 권했다. 내 부모님 연배에는 더더욱 말이다.

치매보험에 대해 관심 있게 듣는 한 고객이 있었다. 나이도 사십 대 후반으로 젊은 고객이었는데 말이다. 나는 부모님 치매보험을 넣어주려고 계속 질문을 하는가 싶었다. 핵심만 정확하게 안내를 해드렸다. 고객은 상품내용을 들으시더니 대뜸 물으셨다.

"재해 사고로 오는 치매도 보장을 해주나요?"

"네, 보장이 나갑니다. 질병으로 오는 치매는 계약일로부터 1년이 지난 다음 날부터 보장이 되지만, 재해로 인한 뇌손상으로 오는 치매는 오늘부터 바로 보장이 나가요. 재해로 인한 치매는 보장 안 해주는 곳도 정말 많아요. 저희는 신상품으로 나온 지 얼마 안 되어서 다른 타사 치매보험에 비해 보장이 굉장히 잘 나왔어요. 새로운 상품들이 보장이 좋은 것도 맞고요. 단서조항들이 또 붙게 되면 보장이 안 좋아질 수 있기 때문에 치매는 자녀분들을 위해서라도 준비해놓으시면 든든하실 거예요."

"사실은 제가 조선소에서 용접공으로 일하고 있어요."

여성분이었는데 정말 대단하다는 생각이 들었다. 남자들도 하기 힘들다는 일을 여성분께서 하고 계시다니, 고객에게 대단하다며 몇 번을 말했는지 모른다.

"실은 몇 달 전에 저랑 같이 일했던 직원이 치매 진단을 받았거든요. 병원에서 원인은 일산화탄소 중독으로 인한 치매라고 했대요. 가족들이 산재 신청 중이라고 하는데 쉽지 않은가 보더라고요. 그래서 저도 걱정이 되어 여쭤본 거예요."

재해로 인한 뇌손상으로 오는 치매는 정확히 보장이 되어서 가장 좋은 설계로 가입을 도와드렸고, 고객은 상품설명서 약관을 직접 받아서 본인이 확인을 다 하시고 며칠 뒤 남편과 친정 엄마까지 가입을 해주셨다.

내가 여기서 이야기하고 싶은 것은 보험을 여러 건 가입한 것을 자랑하려는 것이 아니다. 어떻게 해서 도입을 뚫었고 상품설명이 들어갔는지, 어떤 질문으로 고객의 마음을 얻어 상담 속에서 고객 정보를 얻었는지를 알려주기 위해서다. 무작정 내가 알고 있는 지식을 고객에게 전달한다고 해서 계약이 되지 않는다. 최대한 고객에게 말을 할 수 있는 기회를 열어줘야 하고, 그 말을 통해 공감하고, 기다릴 줄도 알아야 한다. 항상 고객이 말을 많이 하도록 유도해야만, 그 상담 속에서 계약의 정보를 잡아낼 수 있다는 것을 꼭 기억해라.

03 ·))

내 몸의 텐션을
올려라

고객과 상담할 때 나의 목소리나 몸의 텐션은 어떤가? 텐션이 너무 차분하거나 떨어져도 문제고, 너무 텐션이 올라가 에너지가 넘치면 이것 또한 문제다. 그렇다면 텔레마케팅을 할 때는 어느 정도의 텐션을 가져가야 할까? 내 경험으로는 그래도 텐션이 높은 것이 좋았다. 내 몸의 텐션을 올리면 고객도 밝은 목소리에 기분이 좋을 뿐더러 나 또한 밝은 에너지가 생기기 때문이다.

그런데 상담을 하다 보면 높은 텐션으로 기분 좋게 통화를 했는데, 고객이 내 뜻대로 해주지 않거나 말도 안 되는 말로 트집을 잡는 경우가 있다. 이렇게 텐션이 높은 상담원의 특징은 고객을 목소리로 누르지 않으면 절대 안 된다는 식으로 행동하는 경우가 많다는 것이다. 고객은 그 에너지에 눌려서 어쩔 수 없이 가입을 하는 경우가 많았다. 문제는 이런 고객들은 대부분 가입을 해주지만, 청약철회도 아주 쉽게 한다는 것이다.

아무리 내 몸의 텐션이 높아도 항상 우리는 고객의 입장에서 상담해야 하는 것을 잊지 말자. 나도 신입 때는 누구보다 열정이 컸다. 목소리를 크게 해야지만 자신감이 있어 보인다고 생각했다. 옆에서 누가 듣든 말든 상관치 않고 고객과 사정없이 밀고 당기며, 내 계약만을 우선시했다. 지금 생각해보면 팀원들에게 참 미안한 마음이 든다. 마음에 들지 않는 부분도 있었을 텐데, 이런 부족한 나를 그저 예뻐해주고 열심히 산다고 칭찬해준 동료들이 있었기에 지금의 내가 있지 않나 싶다. 지금은 무조건 소리를 크게 내서 고객에게 윽박 지르듯 말하는 것이 아니라, 자연스러운 톤에 신뢰가 가는 목소리로 차분하게 설명을 한다. 내 뜻대로 상담이 연결되지 않아도 '이 고객은 나랑 인연이 아닌가 보다'라며 자연스럽게 받아들인다. 그만큼 나도 내공이 생겼다.

이 일을 장기간 하면서, 내가 어떻게 나의 컨디션을 적절하게 조절하고, 나에게 맞는 텐션을 맞춰가면서 꾸준하게 실적을 낼 수 있었는지 공유해보고자 한다. 물론 하루아침에 되는 것은 없지만, 이대로만 꾸준히 노력한다면 분명히 성과가 있을 것이다.

첫 번째, 나의 좋은 기분에 집중하라.

나는 남들보다 일찍 출근했다. 출근해서 입도 풀 겸 상담 스크립트도 읽어 보고, 고객의 입장에서 질문도 해보고, 계약한 것처럼 녹취 스크립트도 읽어 봤다. 전날에 계약이 잘된 상담원이 있으면 녹취도 들어봤다. 다른 사람의 계약 녹취를 들으면 계약했을 때의 성취감을 느낄 수 있었고, 괜히 기분이 좋아졌다. 우리가 우스갯소리로 하는 말이 있다. 상담사의 몸과 정신이 아플 때는 '계약이 약이다'라는 말이다. 미친 듯이 힘들다가도 계약이 성취되면 모든 아픔이 다 사라졌기 때문이다.

계약이 며칠 안 나오면 서로 얼굴만 봐도 알았다. 그 고통은 당사자만 해결할 수 있고, 그 누구도 대신해줄 수가 없다. 그래서 나는 늘 아침에 상상의 힘으로 이미 수많은 계약이 이루어졌다 믿고, 그런 상태로 상담을 했다. 나의 텐션은 자연스럽게 올라갔다. 기분이 좋으면 목소리는 당연히 밝아졌고, 몇 마디 안 해도 계약이 이루어질 때가 정말 많았다. 믿기지 않겠지만 사실이다.

끝에서 시작하라. 이미 계약이 이루어진 내 모습을 상상하고 믿고 나아가는 것이 중요하다. 나 자신을 믿고 꼭 시도해보라. 놀라운 일이 일어날 것이다. 상상의 힘은 하나님이 주신 최고의 힘이다.

두 번째, 욕망을 크게 가져라.
나는 예전에 욕망이 나쁜 것인 줄만 알았다. 교만의 한 가지라고 생각했기 때문이다. 그런데 욕심이 나쁜 것이지 욕망은 내가 성장하고 발전하는 데 무엇보다 필요한 것이었다. 내 삶의 부족함을 채우기 위해 성장을 원하는 좋은 욕망은 무조건 크게 가져야 한다는 것을 알게 됐다.

철학자 자크 라캉(Jacques Lacan)은 "인간은 타자의 욕망을 욕망한다"라고도 말했다. 이처럼 욕망은 인간과 떼려야 뗄 수 없는 개념이다. 그래서 사람은 욕망이 있기 때문에 존재할 수 있다고까지 말하는 것이다. 텔레마케팅을 하는 사람은 누구나 다 그달의 목표치가 있다. 우리는 원하는 것에 도달할 때까지 모자람을 채우려고 열심히 노력하고 또 노력한다.

'욕망'의 사전적인 의미는 '부족을 느껴 무엇을 가지거나 누리고자 탐함 또는 그런 마음'이다. 인간은 그동안 욕망해왔던 것을 한 계단씩 채워가며 적응한 다음, 더 높은 계단의 욕망을 원한다. 그렇지만 이렇게 끊임없이 원하는 것을 꼭 나쁘다고 볼 수는 없다. 잠재적 능력이 충분하다면 계속 시도해서 전체 사원 중에서 1등을 하려고 하는 욕망까지 가질 수도 있다. 더 나은 나를 위해 나아가는 것이 욕망이다. 욕망이 크면 클수록 성장한다. 욕망이 큰 사람은 큰 그릇을 가진 사람일 뿐, 남에게 피해를 주지 않는다.

반면 '욕심'은 '분수에 넘치게 남의 것을 탐내거나 누리고자 하는 마음'을 뜻한다. 욕심의 폐해는 나 외에 다른 사람이 기본적으로 채워놓은 욕망을 무시하거나 빼앗고 취하려고 하는 것에서 나온다. 즉 남의 것을 탐내서 더 높이 가고자 하는 것이다. 이는 타인에게 피해를 준다. 욕심이 가득한 사람을 보면 이기적이고, 탐욕에 가득한 사람이 많다. 그러면 결국 그 주위 사람들은 그를 싫어하고 떠나간다. 사회적으로 고립이 되며 삶이 고달프고 불행해진다. 이게 '욕망'과 '욕심'의 차이다. 욕심이 크면 큰 만큼 망한다. 남과 비교하지 말고 나에게 필요한 최소한이 무엇인지를 생각해보면 답이 나올 것이다. 욕심을 크게 가지는 것이 아니라 욕망을 크게 가지는 자가 진정 내 몸의 텐션을 올릴 수 있다.

세 번째, 운동하라.

운동은 다이어트보다는 나의 건강을 위한 것이다. 여기서 내가 말하는 운동은 살을 빼는 과격한 운동이 아니라 하루 종일 받은 스트레스를 풀 수 있는 운동이다. 조건은 어떤 운동이든 내가 정말 꾸준히 할 수 있는 것을 찾는 것이다. 운동을 하면서 땀을 빼면 그날에 있었던 스트레스가 풀린다. 나는 산책을 좋아한다. 산책을 하면서 그날 하루 종일 고객과 있었던 여러 가지 일들이 정리가 되기 때문이다. 좋은 고객, 유난히 나를 힘들게 했던 고객들을 생각하면서 하나하나 풀어나가다 보면 정신이 맑아지는 것을 느낀다. 일하면서 그날 있었던 일들을 그대로 집에 가져와 곱씹고 있지는 않은가. 즐거운 예능을 보면서도 머릿속은 온통 고객과의 스트레스, 내

회사가 붙잡는 텔레마케터의 1% 비밀

일 똑같은 일을 해야 한다는 스트레스로 걱정하고 있지는 않은가. 이럴 때에 운동으로 스트레스를 풀지 않으면 나의 텐션은 점점 내려가 시궁창으로 빠져 더 이상 헤어나지 못하게 된다. 결국 그 최후는 퇴사뿐이다.

내 몸의 텐션은 내가 결정하는 것이다. 누가 대신 해주지 않는다. 누군가에게 의존해서도 안 된다. 의존을 했는데도 내 감정을 해결해주지 않아 상처받는 일들도 많았을 것이다. 자신은 스스로가 제일 잘 아는 법이다. 깨달음을 얻는 방법은 스스로에게 이렇게 질문하는 것이다.

'나는 어떤 취미를 가질 때 가장 기분이 좋았지?'

나의 약점은 무엇이고, 단점은 무엇인지, 강점은 무엇인지, 매력이 무엇인지, 내가 극복해야 하는 것이 무엇인지 질문을 해보면 답을 찾을 수 있다. 깨달음 없이는 우둔함에서 벗어날 수 없기 때문이다. 나 자신을 알고 믿고 나아가면 반은 성공한 셈이다.

04 ·))

공감으로
고객의 마음을 움직여라

공감과 동감의 차이를 들어 본 적이 있는가? 우리가 공감을 못하는 이유 중에 하나는 공감을 동감으로 생각하기 때문이다. 공감은 한마디로 '다른 사람의 감정이나 의견에 대해 자기도 그렇다고 느끼는 기분'을 뜻한다. 그에 비해 동감은 상대의 감정을 있는 그대로 수용하는 것이다. 공감은 타인의 생각과 감정을 이해하는 반면, 동감은 타인의 사고나 감정을 자기 것으로 옮기는 행위를 말한다. 동감은 같은 감정을 느끼는 것이라, 너의 감정을 내가 알고 있다는 전제가 필요하다. 감정보다는 인지적인 반응에 가깝다. 그러나 공감은 이해를 전제로 한다. 나와 상대의 감정이 일치하지 않더라도 비슷한 정서를 감지하고 공유하며 이해하는 능력이다. 동감과 반대로 감정적인 반응에 가깝다. 상대방의 감정을 중심으로 이해하고 표현할 때 공감하는 대화를 나눌 수 있다.

텔레마케터는 공감으로 고객의 마음을 움직여서 계약하는 경우가 많다. 수많은 곳에서 전화를 받는 고객들에게 공감이 없는 상담은 '팥 없는 찐빵'이나 다름없다. 상담을 하다 보면 물론 긍정적이고 좋은 고객들도 많지만, 불만 일색인 고객도 더러 있다. 보험 가입 할 때는 하루에도 수십 번씩 전화해서 간이고 쓸개고 다 빼줄 것처럼 하더니만 막상 가입해주고 나니 연락도 없고, 보상 청구를 하려고 하면 전화도 안 받는다면서 언성을 높이는 고객도 있다. 이럴 때 나는 "고객님 속상하셨죠. 믿고 가입해줬는데 막상 필요할 때 연락이 안 되어서 답답하셨죠. 기다리게 해서 너무 죄송하고요, 여러 번 전화해서 어렵게 연결되신 만큼 제가 더 친절하고 자세하게 보상청구 안내해드릴게요"라고 말한다.

내가 하고 싶은 말은, 결국 공감은 상대방의 입장에서 상대방의 마음을 이해하는 것이라는 말이다. 공감은 가슴으로 하는 것이라고 생각해라. 그렇다면 동감의 예도 들어보자.

"선배님, 지난번에 말했던 실장 있죠? 또 자기가 잘못해놓고 나한테 떠넘기려고 하더라고요. 진짜 쓰레기 아니에요?" 후배가 이렇게 말할 때, "야, 그 실장 나쁜 사람이네. 정말 열받아" 이렇게 얘기하면 동감한 것이다. 이 선배가 공감했다면 "그런 일을 또 겪었으면 진짜 너무 당황스럽고 답답했겠다. 그래서 너는 어떻게 했어? 나 같았으면 손이 덜덜 떨렸을 것 같아"라고 답했을 것이다. 둘 다

나쁘지는 않지만 차이점이 보인다. 이 예시만 봐도 본인의 상황과 문제를 마음 편히 이야기 할 수 있는 것은 동감해주는 사람이 아니라 공감해주는 사람이다.

직장 생활을 하다 보면 이런 일들이 정말 많다. 고객과의 상담에서도 자주 겪는 일이다. 고객은 보상 청구를 하다가도 질병분류코드가 맞지 않아서 보상을 못 받는 경우도 많다. 그럴 때는 고객들이 속상하다 못해 화를 낸다. 이럴 때 동감하는 상담원들은 "고객님, 저도 이 일을 오래 하고 있는데도 그런 적이 있었어요. 보험이라는 것은 가입할 때 정말 꼼꼼히 따져 보고 가입해야겠더라고요"라고만 이야기한다. 이것은 동감하면서 본인의 이야기로 화제를 돌려버린 경우다. 우리가 흔히 이런 상황을 공감했다고 착각하지만, 사실 이 경우는 동감한 것이다.

이 상황에서 공감하는 말은 "믿고 가입했고 막상 보장받으려고 힘들게 서류 접수까지 했는데, 보상이 안 나간다고 해서 정말 속상하시겠어요. 치료비가 많이 나왔나요? 저 같아도 너무너무 마음이 아프고 힘들었을 것 같아요. 치료는 다 끝나신 거예요? 얼른 나아지셔야 할 텐데. 지금은 좀 어떠세요? 괜찮아지셨어요? 가족들도 걱정을 많이 하시겠어요"라고 하는 것이다. 이것이 바로 온전히 타인의 감정을 이해해주는 공감의 표현이다. 이렇게 상담을 하게 되면 고객도 편안하게 상황을 이야기할 수 있다. 오히려 "제 이야기를 들어주셔서 고마워요"라고 감사의 표현까지 하신다. 이게 공감의 힘이다. 공감은 고객의 마음을 움직인다.

상품 설명을 듣다가도 고객은 이런 말을 자주 한다.

"지인이 보험설계사인데요. 그때 당시에는 본인이 다 알아서 해줄 테니까 믿으라고 해서 가입했더니만, 나중에 보니 자기 욕심에 월급 수당이 높은 것만 가입을 권했더라고요. 지금은 아예 그 상담원과 연락도 안 해요. 그래서 기존에 유지했던 보험도 울며 겨자 먹기로 손해 보면서 다 해약했어요."

"보험은 사실 가입이 중요한 게 아니라 유지가 정말 중요한 것인데, 손해 보셨다니 정말 속상하네요. 하루아침에 해약을 하신 것은 아니었을 텐데 몇 날 며칠 고민하는 동안 얼마나 힘드셨어요. 지금은 좋은 설계사님 만나서 잘 설계 받으셨어요? 만족하는 보장으로 잘 가지고 계시는 거예요? 정말 다행이에요. 그래서 고객님이 그날 계기로 이렇게 보험에 관해 잘 알고 계시게 된 거네요. 저도 고객님께서 잘 설계해서 보험을 가지고 있다고 하니 기분이 좋네요."

상대의 입장과 상황에 대해 나 역시 그렇게 느낀다는 점을 표현하는 것으로 충분하다. 고객은 배우자와 자녀들의 보험까지 전부 나를 믿고 맡겨 주셨다. 참 감사한 일이었다.

공감을 잘 표현하는 데에는 맞장구를 치는 것도 많은 도움이 됐다. 맞장구는 한마디로 고객이 더 즐겁게 말할 수 있도록 돕는 기술이다. 같이 맞장구와 추임새를 넣어줌으로써 고객이 신이 나서 이야기할 수 있게 만들어주는 것이다. 또 한 박자 늦게 고객의 말을 따라서 받아주는 것도 도움이 됐다. 고객의 "돈도 없고 여유가 없어요"라는 말에 "아, 힘드셔서 여유가 없으세요?"처럼 고객이 한 말의 문장이나 단어 일부를 반복하면 고객은 자기 이야기에 귀 기울이고 있다고 생각한다. 또 고객은 상담원이 자기 말에 경청하고 있을 때 공감받는다고 느낀다. 상담원이 "좀 더 자세하게 이야기해 줘 보세요"라고 말하면 고객은 흥분된 목소리로 웃으면서 자기 마음을 마음껏 표현한다.

어느 날은 "일하는데 업무를 방해하냐? 왜 이렇게 전화를 하냐?"라며 욕하고 반말을 하는 고객이 있었다. 이때 동감의 표현은 '우리가 전화 받을 때까지 이렇게 쉬지 않고 전화를 돌려대니 화가 나는 것은 당연하다. 욕도 할 수 있고 반말도 할 수 있다'가 되어버린다. 하지만 이것은 아니다. 이 상황에서 필요한 것은 공감이다. '너무 수시로 전화하니까 화가 났겠구나' 생각하는 것이 맞다. 누군가 나에게 문제를 제기하거나 문제되는 상황에서 올바른 소통 방식은 공감이다. 공감을 잘하기 위해서는 꼭 이 3가지를 기억해야 한다.

첫째, 입장 바꿔 생각하기.

회사가 붙잡는 텔레마케터의 1% 비밀

둘째, 감정 이입하기.

셋째, 표현하기.

우리 주위에는 늘 위기가 도사리고 있다. 하지만 사람에 따라 위기는 기회가 되기도 하고, 나를 참혹하게 난도질하는 도끼가 되기도 한다. 회사에는 두 부류의 사람이 있다. 문제보다 문제 해결에 집중하는 사람과, 어떤 문제가 발견되면 적극적으로 대처하기보다는 문제가 터지지 않기만을 바라는 사람이다. 전자는 문제를 위기로 여기지 않는다. 그러다 보니 문제를 확대 해석하는 우를 범하지 않는다. 그에게 있어 문제는 그저 풀어야 할 숙제와 같다. 문제를 해결하고 나면 한층 성숙해진 자신을 느낄 수 있다. 그러나 후자는 문제를 위기로 받아들인다. 그래서 문제 앞에서 한없이 작아진 자신의 모습을 느낀다. 그래서 자신도 모르게 문제를 확대 해석하게 된다. 확대 해석된 문제 앞에서 아무리 머리를 쥐어짜봤자 답은 떠오르지 않고 절망감만 더해질 뿐이다. 탁월한 상담원은 문제가 있으면 반드시 해결책도 있다고 믿는다. 그래서 문제 중심이 아니라 해결책 중심의 삶을 산다.

계약이 잘 안 될 때 '나는 왜 이러지?'라며 문제를 보는 것이 아니라 해결 방법을 봐야 한다. 고객하고 그동안 '동감'하고 있지는 않았나? 상담 콜을 피드백 해봐라. 동감하고 있어서 고객이 마음을 닫고는 있지 않았는지. 답은 분명이 있을 것이다. 공감을 잠깐 느끼고 끝나는 감정이 아니라 나의 삶으로 생각해라. 그리고 공감으로 고객의 마음을 움직여라. 동감은 위로와 위안만을 주지만, 공감은 치료와 새 삶을 시작할 힘을 줄 것이다.

05))

부드러운 말투가
강함을 이긴다

데일 카네기(Dale Carnegie)는《데일 카네기 인간관계론》에서 "'한 통의 쓸개즙보다 한 방울의 꿀이 더 많은 파리를 잡을 수 있다'라는 말은 만고의 진리다. (중략) 누군가를 자기편으로 만들고 싶으면, 우선 그 사람에게 당신이 그의 진정한 친구임을 확신시켜 주도록 하라"라고 말했다.

우리는 가끔 '너무 강하면 부러진다'라거나 '장작불이 너무 세면 감자는 익지 않고 타버린다'라는 말을 한다. 이는 우리에게 무조건 강해질 것을 요구하는 지나친 약육강식의 사회에 대한 경계를 나타낸다. 대부분의 사람들은 강한 말투가 부드러운 말투를 이길 것이라고 생각한다. 단기적으로는 맞는 말일지도 모른다. 하지만 긴 시간을 두고 보면 마지막에 이기는 것은 단단한 것이 아닌 부드러움이라는 것을 알 수 있다. 부드러움이란 어떤 상황에서도 중심을 잃지 않고 전체를 아우르며 모든 것을 포용할 수 있는 유연함을 말한다. 따라서 우리는 강함보다는 부드러운 말투로 상담을 하는 지혜를 지녀야 한다.

나는 성향 자체가 강한 사람이 아니다. 온순하며 차분한 성격이다. 큰소리를 내 본 적도 없다. 본인 성격대로 일한다고, 나의 콜은 늘 감정 기복 없이 잔잔했다. 좋게 말하면 한결같다고 해야 하고, 나쁘게 이야기하면 상담에 크게 변화가 없다는 것이다. 나는 이게 좋다. 늘 한결같은 마음 말이다. 보통 상담원들은 내 감정에 따라, 그날에 어떤 고객을 만나느냐에 따라 기복이 생긴다. 이것은 당연하다. 나라고 기복이 없을까? 좋은 날도 있고 정말 힘든 날도 있지만 동요하지 않고 평정심을 잃지 않고 핵심을 잘 짚어주려고 노력했다. 내 감정을 절제하고 친절하면서도, 내가 하고픈 말을 잘 풀어서 이해시켜 주는 편이었다.

상담을 하다 보면 강한 성향을 가진 고객도 자주 만난다. 처음에는 두렵고 무서웠다. 맥박이 시도 때도 없이 불규칙적으로 뛰었다. 특히나 목소리 큰 남자들은 더더욱 무서웠다. 잘못한 것도 없는데 왜 그렇게 고객들한테 벌벌 떨었는지 모른다. 지금은 오히려 큰소리치는 고객들은 한 박자 쉬면서 고객의 말이 끝나기까지 기다린다. 흥분하지 않고 고객 입장에서 차분하게 상담을 하다 보면, 거칠던 고객도 아까는 미안했다며 차분해진다. 약한 사람일수록 더 강하게 보이려고 하는 것 같았다. 강해 보이는 것이 늘 단단한 것은 아니다. 깊고 오래 스며들 수 있는 부드러운 말투야말로 진짜 강함이라고 할 수 있다.

한번은 고객센터에서 연세가 있으신 남자 고객이 나를 급하게 찾는다는 메시지를 받았다. 고객이 워낙 많아서 어떤 고객인지 확인했는데, 지난달에 건강보험에 가입했던 고객이었다. 전화를 바로 드렸는데, 그 고객은 전화를 받자마자 대뜸 화를 내셨다.

"지난달에 가입할 때 돈을 빼갔는데 왜 말도 없이 또 돈을 빼가요?"

"고객님 납입을 카드로 하셔서 지난달 가입할 때 카드승인을 해드린 거예요. 고객님 카드 결제일자가 있으시잖아요. 신용카드는 후불제라서 카드 결제통장에서 이번 달에 출금이 된 거예요. 지난달 승인한 게 이번 달 통장에서 나간 것이고, 지난주 문자 받으신 건은 이번 달 카드 승인문자입니다."

아무리 쉽게 설명을 해드려도 버럭 화만 내시고 빨리 입금해달라고만 하셨다. 흥분하시니 말도 너무 빠르고 더듬어서 알아듣기가 힘들었다. 자꾸 내가 설명을 하려고 하면 내 말을 잘랐다. 못 알아듣는 소리 하지 말고 두 번 빼간 것을 빨리 넣어달라고만 하셨다.

나는 더 이상 말이 안 통할 것 같아서 말했다.

"고객님, 지금 너무 흥분하셨네요. 제가 30분 후에 다시 전화 드릴게요. 지난달 가입한 날짜 뒤로 통장에서 돈이 몇 번 나갔나만 확인해주세요" 하고 전화를 끊었다. 다른 고객 상담이 길어져서 한 시간쯤 있다가 연락을 드렸더니 다행히 따님이 옆에 같이 계셨다. 자초지종을 설명 드렸다. 따님은 바로 알아들으셨다. 오히려 나에게 죄송하다고 하셨다. 고객님께도 인사는 드리고 마무리 지어야 하니 바꿔달라고 했다. 통장에서 돈이 한 번만 나간 것이 맞다면서 미안한지 웃으셨다. 나도 처음에는 도둑놈이라고 하셔서 기분이 좋지 않았다. 기분이 나쁘다고 해서 나도 고객과 똑같이 흥분해서 응대하면 고객과 똑같은 사람이 될 뿐이다. 나에게 좋을 것이 하나도 없었다.

"고객님, 앞으로 살아가다 보면 이런 일 말고도 또 비슷한 일이 있을 수 있으세요. 이럴 때는 흥분해서 큰소리치지 마시고, 쉽지는 않겠지만 차분하게 사유를 말씀해주시면 최대한 신속하게 확인해드리니까, 차분하고 부드럽게 얘기해보시면 좋을 것 같아요" 하고 잘 마무리 지었다.

유명한 이솝우화 '해와 바람'의 이야기가 있다. 하늘에는 해와 바람이 살고 있었는데 온화한 해와 달리 바람은 샘이 많고 거만했다.

어느 날 바람은 해에게 해보다 자신의 힘이 훨씬 세다며 자랑했다. 마침 한 남자가 따뜻한 외투를 입고 길을 걸어가고 있었고, 이를 본 바람은 하나의 내기를 제안했다.

"저 남자의 옷을 누가 먼저 벗기는지 내기할래?"

그리고 바람은 지나가는 남자 쪽으로 세차게 바람을 불었다. 그러자 남자는 추위에 떨며 옷깃을 여몄고, 이에 바람은 더 세차고 힘껏 불었다. 하지만 그러면 그럴수록 남자는 외투를 더욱 꽁꽁 여몄고 돌풍과 소용돌이를 동반해 바람을 불어도 남자의 외투는 벗겨지지 않았다. 지친 바람을 뒤로하고 해가 자신의 차례라며 따뜻한 햇볕을 내리쬐기 시작했다. 그러자 남자는 길을 걸으며 외투의 단추를 하나씩 풀기 시작했고, 계속되는 뜨거운 햇빛에 점점 더워지자 남자는 결국 외투를 벗어 던졌다.

'손바닥 씨름'이라는 놀이도 있다. 두 사람이 서로 한 발자국 정도 사이를 두고 마주 서서 발은 움직이지 않은 채 서로 손바닥을 부딪치며 밀어내는 놀이다. 손바닥만 써야 하며 먼저 중심을 잃고 발이 바닥에서 떨어지거나 상대의 몸을 건드리면 진다. 이 놀이는 강한 힘으로 손바닥을 부딪쳐 상대를 넘어뜨릴 수도 있지만, 강하게 부딪혀오는 상대의 손바닥을 슬쩍 피함으로써 상대가 중심을 잃게 해서, 즉 상대의 힘을 역이용해서 이기는 방법도 있다.

또 유도라는 운동도 실전은 잘 모르지만 유능제강(柔能制剛)의 원리를 과학적으로 체계화한 운동이라고 한다. 즉 상대의 강한 힘에 맞서서 저항하는 것이 아니라 그에 순응하면서 그 힘을 역이용해서 상대를 제압하는 것이다. 힘의 역할을 이용해 민첩하고 부드러운 동작으로 허점을 찔러 상대를 이기는 것이 유도기술의 원리인 셈이다. 고객과의 관계에서도 꼭 강한 힘으로 맞서기보다는 부드러운 말투로 고객을 수용함으로써 이기는 경우가 정말 많았다.

이 모든 이야기는 부드러움이 강함을 이긴다는 사실을 담고 있다. 부드러운 말투와 목소리를 위해서 말끝을 길게 늘이면서도, 뒤는 살짝 흐리듯이 약하게 말하는 연습을 해보는 것도 도움이 많이 됐다. 고객에게 지금 내 말이 끝나고 있다는 뉘앙스를 줄 수 있기 때문이다. 고객에게는 자신의 얘기를 할 수 있도록 여지를 주는 느낌이 들고, 고객의 얘기도 잘 들어주는 느낌을 받게 한다. 부드러운 말은 자신을 낮추는 것을 의미한다. 따뜻한 말 한마디가 고객의 마음을 움직일 수 있으며, 스스로 행동하게 만든다는 것을 꼭 기억하자.

06))

기본을 잃으면 고객은 떠나간다

오랜 기간 똑같은 일을 하다 보니, 기본을 잃지 않고 일을 한다는 것이 여간 쉬운 일이 아니었다. 마음을 다잡고 일을 하려고 해도 처음 입사했을 때의 마음가짐을 찾기 위해서는, 나 자신을 통제하는 엄청난 훈련이 필요했다. 고객들은 갈수록 더욱 똑똑해져서 본인의 권리를 더 열심히 챙겼다. 그 눈높이를 맞춰주지 못하면 고객은 뒤도 안 돌아보고 차갑게 떠났다. 무엇보다 고객을 존중해주고, 고객이 무엇을 원하는지 경청해야 했다. 그런데 당연히 해야 했던 일들이 버겁게 느껴졌고, 가입 거절을 하면 "안 하면 본인만 손해 아냐?"라고 혼자 중얼거리며 나 스스로를 위로해보기도 했다. 그만두고 싶은 생각도 수없이 했다.

어느 날은 상담을 하는데 계속 언짢게 하는 고객이 있었다. 부정적인 것은 말할 것도 없었고, 나의 모든 에너지를 쏙쏙 빼갔다. '아, 이래서 이렇게 살아가시나 보다'라는 안 좋은 생각도 했다. 세상에 이렇게 부정적인 사람이 있을까? 전혀 모르는 나한테도 이러는데 가족들한테는 더 심하겠지? 스스로 별생각을 다 했다. 매일 술과 담배로 버티고 있는 삶이셨다. 먹고 있는 약 또한 많았다. 당연한 결과라고 생각했다. 예전의 나는 고객 입장에서 다 받아줬고 공감하려 했으며 소통도 하고 최대한 고객이 일어날 수 있도록 도와주고 싶은 마음이 컸다. 그런데 언제부턴가 나는 병력이 있는 분들은 상담을 하다가도 심사과에서 거절이 나거나 의적서류 요청이 많다는 것을 알아, 가입을 시키지 않게 됐다.

유병자보험이라고 해서 병력이 있는 분들도 가입해주는 상품들이 있었지만, 이 고객은 어떤 보험도 가입해줄 것이 없었다. 그래서 빨리 전화를 끊고 다른 고객을 상담하고 싶었는데, 고객은 몸이 아프고 남는 것은 시간밖에 없는 분이었다. 전화를 끊지 않고 본인 살아온 이야기, 사회에 대한 불만, 보험사에 대한 의심 등의 하소연하는 소리만 하시는데, 들어줄 수가 없었다. 실적에 연연했던 내 모습이었다. 계약을 할 것 같지 않거나 가입을 해줄 것이 없으면, 나에게 도움이 될 것 같지 않아서 빨리 끊으려고만 했다. 눈치가 있으면 알아서 전화를 끊어주실 텐데 참 희한하게 이런 분들은 눈치도 없었다. 결국에는 고객님들이 전화를 너무 많이 기다린다고 말씀드리고 내가 직접 종료를 했다.

또 하루는 가입을 해주신 고객과의 통화였다. 가입을 하면 고객들에게 아무리 바빠도 전화를 드렸다. 서류는 잘 받으셨는지 내용을 확인하고 궁금하신 것이나 불편하신 것은 없었는지 말이다. 앞으로 보상 청구하실 일 있으면 보내드린 연락처로 연락 주시면 최선을 다해 도와드리겠다고 말씀드렸다. 그런데 가입 건수가 많아질수록 나는 고객에게 소홀해졌다. 가입해드리고 고객이 나를 찾는 것 말고는 전화를 하지 않기 시작했다. 처음에는 전화를 드려야 하는데 하는 마음은 있었다. 그러나 한두 번 안 하다 보니 이것도 죄책감이 들지도 않고 자연스러워졌다. 가입할 때는 서류 받으실 때쯤 전화를 드린다고 말은 하면서 말이다. 너무 가식적인 모습이었다. 고객들도 자연스럽게 나라는 사람을 잊어버리게 됐고, 나를 떠나기 시작했다.

새로운 계약으로만 계약을 하는 것은 한계가 있었다. 그래도 꾸준히 고객관리를 하고, 기본을 잘 지켰다면 고객을 잃지 않고 자연스럽게 추가 계약도 할 수 있었을 텐데, 기본을 잃어버리니 고객은 자연스럽게 떠나기 시작했다. 가입하고 한참 후에 전화해서 추가 계약을 하라고 하면 어느 고객이 좋아할까? '또 보험 팔라고 전화했나? 전혀 연락 한번 없다가 필요할 때만 전화하네?'라고 생각할 수 있다. 계약이 뜻대로 잘 안되면 스트레스도 만만치 않게 받았다. 잘해야 한다는 강박증 또한 내 마음을 짓눌렀다. 그래서 점점 예민해지기 시작했다. 일에는 욕심이 있어서 잘 해왔지만 즐기기보다는 정말 해야 하니까 억지로 했다는 말이 맞는 것 같았다.

기본을 다시 찾고 싶었다. 내가 하는 일이 정말 가치가 있는 일이라는 것을 다시 느끼고 싶었다. 억지로 버티는 삶이 아니라 정말 즐기면서 재미있게 하고 싶었다. 기본을 잃지 않기 위해서는 3가지 마음이 필요하다고 어디선가 본 적이 있다.

첫째는 '초심', 둘째는 '열심', 셋째는 '뒷심'이라고 했다. 그중에서도 가장 중요한 마음이 '초심'이다. 왜냐하면 '초심' 속에 '열심'과 '뒷심'이 담겨져 있기 때문이다. 초심에서 열심이 나오고, 초심을 잃지 않을 때 뒷심도 나오기 때문이다. 나는 지혜로운 사람이 되고 싶었다. 내가 일이 잘되고 업적을 이루었다고 생각할 때가 가장 위험했던 것 같다. 나도 모르는 사이에 기본을 잃으면서 교만이 올라왔다. 고객을 향한 마음의 열정도 사그라들었다.

다시 나의 목표를 명확하고 정확하게 기록했다. 내가 왜 이 일을 좋아했고 매력적이라 생각했는지를 다시 생각했다. 초심을 잃지 않기 위해 처음 이 일을 시작했을 때의 마음가짐을 다시 가져보고자 했다. 계약은 언제든지 마음만 먹으면 할 수 있었다. 계약이 덜 나오더라도 나는 기존 고객들에게 전화를 다시 하기로 했다.

한 명 한 명 전화를 했을 때 안 받는 고객들도 많았지만, 받아준 고객들에게는 안부 전화 겸 잘 지내시는지 궁금한 것 있으면 언제든지 저를 찾아주시라며 문자를 남기고 전화를 끊었다. 반가워하는 고객도 정말 많았고, 내 마음도 편했다. 무엇보다 고객들을 통해서 오히려 내 에너지가 충전됨을 느꼈다. 고객이 있어서 내가 이 자리에 있는 것인데, 그동안 이 중요한 것을 잊고 살았다는 생각이 들었다. 정말 감사한 고객들이다.

나에게는 적절한 휴식과 보상도 필요했다. 그동안 너무 앞만 보고 달렸다. 하루라도 쉬면 고객들이 나를 찾을 때 없어서 불편해하실까 봐 쉬지 못한 것도 있었고, 내가 출근하지 않았을 때 취소를 요청하는 고객을 막지 못하면 어쩌지 하는 걱정도 있었다. 일 중독이었다. 가만히 쉬고 있으면 어딘지 모르게 불안했다. 그래서 쉬는 주말에도 나는 시도 때도 없이 분주하게 움직였다. 그래서 늘 피곤을 달고 살면서도 정신력으로 버텨 보려 했던 것이다. 모든 것을 잠시 내려놓고 처음으로 2주 가까이 쉬어 봤다. 왜 진작 이렇게 쉬지 못했는지 나 자신에게 너무 미안했다. 막상 내려놓으니 아무것도 아닌데 이 잠깐을 내려놓기가 왜 그렇게 힘들었는지.

2주를 쉬는 동안에는 일하면서 밀린 일도 처리하고, 독서하면서 먹고 싶은 것도 마음껏 먹었다. 나를 돌아볼 수 있어서 정말 좋았다. 일주일을 넘게 쉬니 다시 회사가 가고 싶었다. 쉬면서도 참 감사한 것은 내가 돌아갈 곳이 있다는 것이었다. 일자리가 없어서 집에서 쉬고 있었다면 마음이 불안해 제대로 쉬지 못했을 것이다. 그런데 나는 갈 곳이 있었다. 직장의 소중함도 깨닫게 됐다. 쉬고 나가니 입도 근질근질했고 상담하는 것이 즐거웠다. 적절한 휴식과 보상은 나에게 정말 필요했고, 이는 나를 재충전하는 데 큰 도움이 됐다. 처음 입사했을 때의 그 마음으로 한 분 한 분 최선을 다해 상담했다. 이러한 능력을 주신 주님께 참 감사했다. 일이 즐거우니 계약은 당연히 잘 나왔다. 고객들이 나를 몹시 기다린 것처럼 말이다. 역시 내가 있어야 할 곳에 있어야 가장 행복하다는 생각이 들었다.

기본을 잃으면 고객은 떠난다. 기본을 잃어서 나처럼 고객을 떠나보내지 말고 기본을 잃지 않으려고 노력해라. 자신의 목표를 명확하고 정확하게 기록하라. 자신의 능력을 스스로 칭찬해라. 그리고 나에게도 적절한 휴식과 보상을 해줘라. 같이 일하는 동료들과 소통하고 살아라. 자신의 성장과 변화를 위해 자기계발을 잊지 마라. 기본을 잃지 않는 것은 쉽지 않다. 그러나 그 어려운 일을 해내면 우리는 삶의 더 많은 의미와 가치를 찾고, 더 많은 성공과 행복을 누릴 수 있을 것이다.

회사가 붙잡는 텔레마케터의 1% 비밀

07 ·))

고객이 원하는 것은
믿음이다

누군가 날 믿어주는 일만큼 뿌듯한 것은 없다. 내가 하는 모든 업무는 비대면으로만 이루어진다. 간혹 고객님들이 이렇게 요청할 때도 있다.

"전화로 하면 말을 잘 못 알아듣겠어요. 제가 직접 사무실로 찾아갈게요."

"고객님 직접 뵙고 해드리면 저희도 너무 편하고 좋을 것 같은데요. 저희는 업무상 전화로만 녹취해서 가입하는 시스템이어서 사무실에 저를 찾아오셔도 옆에 앉아서 녹취로 가입하셔야 해요. 지금 믿고 가입해주시면 관리로 잘 보답해드릴게요."

나는 늘 이 일을 하면서 전화 한 통으로 날 믿고 가입해주는 고객에게 정말 감사하고 고맙다. 특히나 가족 중에 보험설계사가 없는 집이 거의 없으면서도 나의 고객들은 내게 이렇게 말한다.

"정말 친절하게 상담해주셔서 안 할 수가 없네요. 제가 말 안 하면 가입을 했는지, 안 했는지 가족이 어떻게 알겠어요. 어차피 중복 보장 되는 거라면 넣어주세요."

이렇게 고객의 마음을 사로잡는 출발점은 바로 믿음이다. 이 질문에 대해 한번 생각해보자. '내가 어떤 사실에 관해 이야기할 때, 고객은 내 말을 곧이곧대로 믿어 주는가?' 텔레마케터는 사실 목소리로 고객을 설득해야 한다. 고객이 나의 말을 신뢰할지에 대해 충분히 고민해봐야 한다. 사람은 마음에 가득한 것을 입으로 말하게 되어 있다. 내 마음에 정말 고객을 향한 진심이 있다면 목소리에도 자연스레 진심이 묻어난다. 그리고 말투 또한 강하게 나가는 것이 아니라 느려질 것이고, 고객 또한 '이 상담원이 정말 나를 위하는 마음으로 말하고 있네'라고 느끼게 되는 것이다. 믿음을 주지 않고서는 전화로 계약하는 것이 정말 어렵다.

나는 조카가 6명이다. 모든 조카들이 다 사랑스럽고 예쁘지만, 유난히 첫 조카에게 마음이 많이 갔다. 예쁜 옷을 선물해주려고 퇴근 후 백화점에 들렀다. 그날따라 나의 행색은 아주 초라했다. 하루 종

회사가 붙잡는 텔레마케터의 1% 비밀

일 일하고 들렀으니 얼굴도 퀭하니 볼품없었다. 나이도 어려 보였을 테니 직원은 나에게 저렴한 옷들만 권했다. 나는 돈이 비싸더라도 좋은 것을 사줄 수 있는 능력이 있었는데 말이다. 이 점원은 나의 행색을 보고 '가난할 거야' 하고 단정 지은 모양이었다. 이미 기분이 좋지 않았다. 사지 않고 나오려다가 원하는 브랜드가 있었기에 그냥 싼 옷을 하나 사서 나온 기억이 있다. 더 좋은 것을 권하면 샀을 텐데, 나는 이미 이 점원에게 믿음을 잃은 상태였다. 더 권했어도 사지 않았을 것이다. 판매하는 입장에서는 절대로 고객을 가난하다고 단정 지으면 안 된다는 것을 여기서 알 수 있다.

상담을 하다 보면 이런 경우가 있다.

"여유가 없어요. 돈이 없어요."

"아, 그러세요. 어쩔 수 없지요. 그럼 나중에 좋은 상품 나오면 다시 인사드릴게요" 하고 통화를 종료했다. 나중에 알게 된 것은 이 말은 그냥 고객들이 습관처럼 하는 멘트였다는 것이다. 물론 정말 힘들어서 하고 싶어도 못하는 고객도 있다. 그러나 열에 한두 명 정도만 그렇지 나머지 고객들은 아니었다. 나도 신입 때는 '내 고객들은 왜 이렇게 다 힘들고 돈이 없지?' 생각해서 설명만 하고, 클로징을 못해 고객을 놓친 경우가 정말 많았다. 그러나 돈이 없고 힘들다는 고객에게도 최선을 다해 반론하고 클로징 했을 때 놀랄 정도의 금액을 가입하는 고객도 많았다. 내가 먼저 고객을 단정 짓지 말아야 한다. 고객이 나에게 믿음을 가졌다면 금액과 상관없이 가입을 하게 되어 있다.

전화로 상담하다 보면 고객을 이해시키는 데에서 한계에 부딪힐 때가 종종 있다. 상품 설명을 하고 나면 자주 묻는 질문이 "고객님 이해되셨어요?"였다. 처음에는 고객이 다 알아듣고 답을 하는 줄로만 알았다. 내가 설명을 쉽게 잘했다고 생각하며 스스로를 위안했다. 문제는 '이해도 됐고 보험에 니즈도 있었는데 왜 가입을 안 하지?'라는 의문이었다. 나중에 상담을 하다 깨닫게 된 것은 고객은 내가 설명을 했을 때 본인이 이해할 수 없는 어려운 사실이 있다는 것을 인정하기 싫어한다는 것이다. 그렇기 때문에 잘 모르겠고 설명이 혼란스러우면 항상 "나중에 다시 전화주세요", "생각을 더 해볼게요"라고 말하고 전화를 끊었던 것이다. 그래서 다음에 전화를 하면 아예 전화를 안 받는 고객들이 많았다. 고객이 내 말을 100% 이해한다고 가정하고 상담을 하면 안 되는 것을 깨달았다.

나는 고객에게 최선을 다해 믿음을 주려고 했고 신뢰를 주려고 했던 것인데 고객들의 마음이 다 내 마음 같지는 않았다. 좀처럼 나를 믿지 않으려는 고객들의 마음을 불쾌하게 생각한 적도 많았다. 그런데 고객 입장에서 생각해보면 이해 못할 것도 없었다. 수많은 곳에서 마케팅 전화를 받을 것이고, 얼마나 많은 상담원이 전화해

회사가 붙잡는 텔레마케터의 1% 비밀

서 판매를 할까. 이런 세상에 내가 살고 있음을 기억하고 일을 하면 이해가 됐다. 모든 고객들이 다 내 마음에 들 수는 없는 것이다. 그것은 욕심이다. 나를 믿어주고 가입하는 고객에게 최선을 다하는 것이 훨씬 낫다. 마음도 편하고 그 고객에게 집중할 수 있어서 나는 좋았다. 모든 고객이 내가 말하는 모든 것을 믿을 수는 없다.

고객들은 보험을 가입하고 나면 이런 질문을 많이 하셨다.

"가입만 하고 그만두는 거 아니시죠? 담당자들이 너무 자주 바뀌더라고요."

"고객님, 저는 여기 근무한 지 10년이 넘었고요. 앞으로도 큰 변수가 없는 한 오래 근무할 거예요. 이 일이 저는 참 재미있고 좋거든요."

"상담원 이름과 연락처를 꼭 남겨주세요."

고객은 이렇게 웃으시면서 통화를 종료했다. 그렇다. 고객이 나에게 원하는 것은 믿음과 신뢰다. 내가 고객에게 믿음과 신뢰만 정확하게 심어준다면 고객은 나를 믿고 가입을 해준다. 사람들이 내가 좋은 사람이라고 느끼게 해줘야 한다. 내가 생각하는 좋은 상담원은 늘 진심을 다하는 상담원이다. 늘 고객 입장에서 생각하고,

늘 고객을 인정해주고 배려해주는 상담원이다. 나는 이것을 꼭 스스로에게 다짐하고 상담을 한다. 고객의 마음도 나랑 똑같다. 상담원으로부터 정말 나를 생각하고 위한다는 마음을 느꼈다면 계약을 안 할 이유도 없었다.

고객이 원하는 것은 믿음이다. 나 또한 누군가가 나를 믿어주는 것만큼 뿌듯한 일은 없다. 항상 긍정적인 입버릇을 가져야 한다. 매사 자신감이 없고 부정적인 사람이 하루아침에 긍정적인 사고와 말을 한다는 것은 어렵고 귀찮은 일이다. 하지만 그렇다고 해서 포기한다는 것은 남은 인생을 실패자로 살겠다고 선언하는 것과 같다. 부정적인 입버릇을 가진 사람을 좋아하는 사람은 아무도 없다. 그로부터는 행운마저 등을 돌린다. 누군가와 대화를 할 때도 긍정적인 화법으로 대화를 해야 고객에게 좋은 인상을 심어줄 수 있다. "그건 힘들겠습니다", "그건 안 될 텐데요"와 같은 어법은 고객의 기분을 다운시키지만 "되는 방법을 찾아보겠습니다", "다 잘될 겁니다"와 같은 긍정적인 말은 고객의 기운을 고취시킨다.

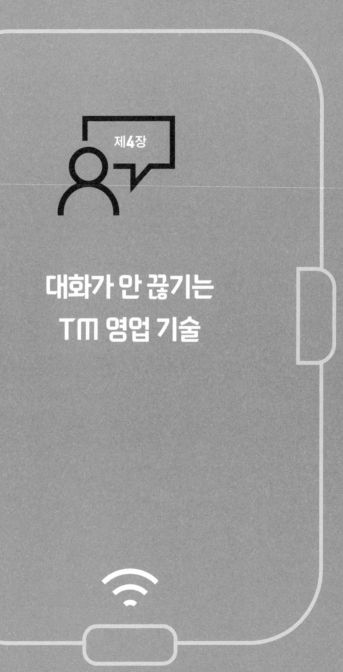

제4장

대화가 안 끊기는
TM 영업 기술

01 ·))

후회라는
감정을 건드려라

오랜 시간 상담을 하다 보면 '이렇게 아픈 사람들이 많은가?' 할 정도로 보험금 청구력이 어마어마함을 알게 된다. 역으로 평생 건강하실 것이라고 생각하는 고객들에게 '이런 보상 청구 이야기를 해주면 좋겠다'라는 생각도 여러 번 들었다. 때로는 보험 가입을 안 해놔서 막상 아팠을 때, 보상을 전혀 받지 못하는 경우도 봤다. 소 잃고 외양간 고치는 식으로 "현재 제 병력으로 들어갈 수 있는 보험이 있을까요?"라고 질문을 했지만 그때는 이미 소용이 없었다. 보험회사는 영리추구가 목적인 주식회사다. 절대 손해 보는 장사는 하지 않는다. 안타까웠지만 고객에게 양해를 구했고, 다음에 좋은 상품이 나오면 다시 인사드리겠다고 이야기하며 통화를 종료했다.

보험은 내가 가입을 해야지 생각했을 때 하면 늦는다. 그래서 전문 설계사들이 필요한 것이고, 그들이 강력하게 니즈를 심어주지 않으면 스스로 찾아서 하기가 정말 어려운 일이다. 상담을 하는데 고객께서 "요즘 은행 금리가 너무 낮아서요. 혹시 보험사에 복리 이자 주는 상품은 없나요?"라고 물어보셨다.

15년 전만 해도 복리상품이 유행했다. 그때는 은행 이자도 그리 낮은 편이 아니었기 때문에 고객들이 복리상품에 폭발적인 반응을 보이지는 않았다. 재테크를 한다는 고객들은 관심 있게 들었고, 가족 단위로 복리 상품을 가입하는 사람도 많았다. 이분들은 현재까지 유지하고 있다면 납입이 이미 끝났을 것이고, 가만히 놔두면 이자가 기하급수적으로 붙고 있을 것이다. 그런데 질문한 고객은 그때 당시에 듣기는 했는데 상황이 어려워서 작은 금액밖에 들지 못했다고 한다. 그래도 그거라도 가지고 있으니 얼마나 다행인가.

나는 그 고객에게 암보험을 권했다. 건강보험, 입원비, 수술비, 상해 쪽은 준비가 잘되어 있으셨는데 암보험이 한 개밖에 없었기 때문이다. 우리 보험사 말고 다른 보험사에도 실비보험 말고는 없다고 하셨다.

"암 치료자금 실비에서 보상 나오는데 뭐 더 넣을 필요가 있나요? 하나로도 충분합니다."

"고객님, 실비는 정말 준비를 잘 해놓으셨어요. 웬만한 급여, 비급여 한도 내에서 치료비는 보상을 받기 때문에 병원비 걱정은 안 해도 되는데요. 막상 암 진단받으시면 예전처럼 일하기 쉽지 않으세요. 치료에 전념해도 모자랄 판에 일하면서 스트레스까지 받으면 더 안 좋거든요. 치료할 때 제대로 해야 나중에 후회도 없으세요. 그럼 막상 소득이 없을 때, 어느 정도 여유 자금이 있으면 마음도 편해서 치료 잘 받을 수 있는데요. 그런데 치료비는 내 돈으로 먼저 계산하고 나중에 보험사에게 받아야 하지만, 진단비는 진단만 받아도 선지급이 돼요. 왜 주변에 진단은 받고 수술은 명의한테 하려고 날짜는 잡기가 힘들어 한두 달 뒤에 하시는 분들 있잖아요. 수술하기도 전에 통장에 진단금이 크게 들어오니 든든한 마음으로 치료받을 수 있어서 좋다고 말씀들 많이 하셨어요. 건강검진 받다가 작은 양성종양이라도 나오면 가입조건이 까다로워지기 때문에 다른 고객님처럼 후회하지 마시고 진단자금 남은 한도 내에서 중복으로 보장받게끔 추가 가입해드릴게요."

"갑자기 일하다 전화 받은 거라 당장은 결정하기 어렵고요. 다음에 다시 전화합시다."

"고객님, 다음은 없으세요. 오늘이 가장 건강하실 때시고 복리이자 상품도 그때 조금 더 크게 못 넣은 것 후회하고 계셨잖아요. 암보험도 동일해요. 나중에 내가 필요할 때 전화해야지 하면 고객님이 원하시는 보장대로 가입을 못할 수도 있거든요. 가입한다고 해서 무조건 다 되는 것도 아니시기 때문에 기존 것 3,000만 원에 오늘 제가 5,000만 원 추가해서 8,000만 원으로 맞춰 드릴게요. 암보험은 가입하고 바로 보장이 아니라 90일이 지나야지만 보장이 되는 거라서 건강검진 받으실 계획이라면 3개월 뒤 건강검진을 받으시면 될 것 같아요. 절대로 후회하지 않으실 겁니다. 괜찮으시죠?"

클로징은 권유가 아니라 시키는 것이다. 특히나 보험계약은 클로징이 정말 강해야 한다. 즐겁게 가입하는 고객은 거의 없기 때문이다. 고객은 기대감이 있거나 희망을 갖게 됐을 때 쉽게 거절하지 못한다. 초중고 자녀들을 가진 엄마들이 아이들에게 공부를 권유한다고 아이들이 하지는 않는다. 그래서 공부를 시키는 것이다. 보험계약도 마찬가지다. 당장에는 계획에도 없던 돈이 나가야 해서 부담도 되겠지만, 미래에 반드시 더 큰 보상으로 올 것이라는 확신만 있다면 반드시 가입을 시켜야 하는 것이다. 이 고객은 건강 심사도 잘 통과되셨고 유지도 정말 잘하고 계셨다. 후회라는 감정을 건드려서 고객의 마음을 움직인 것이다.

어느 날은 20년 만기가 거의 다 된 치매보험을 가입하고 있는 고객의 자녀로부터 전화를 받았다. 어머님은 현재까지는 아직 건강하신데 확실히 연세가 있으시니 건망증도 심해지셔서 걱정이 된다며, 가입한 치매보험 보장에 대해 궁금해하셨다. 옛날에는 치매보험이

75세 만기, 80세 만기밖에 없었다. 그런데 요즘에는 평균수명이 매우 길어졌고, 특히나 여자는 평균수명이 83세가 되어가고 있다. 치매보험 가입은 또 75세까지 제한되어 있었다. 그래서 고객은 이런 보험이 어딨냐며 재가입도 안 해줄거면 다른 좋은 방법이 없냐고 했다. 그러나 내가 해드릴 수 있는 것이 없었다. 연세가 너무 높으셔서 치매보험은 가입 설계조차도 못하는 상황이었다.

우리 보험사뿐만 아니라 다른 보험사에서도 상담을 여러 차례 받아봤는데 똑같은 대답뿐이어서 너무 속상해 혹시나 하고 전화해봤다고 하셨다. 나는 어머님은 어차피 치매보험 가입이 안 되니 지금 전화한 고객님 치매보험을 권했다. 고객님은 50대였고, 자녀도 둘 있다고 하셨다.

"고객님, 자녀들 세대에서는 부모를 부양하는 시대는 거의 없다고 보셔야 해요."

"기대도 안 합니다" 하시면서 고객님은 웃으셨다.

"미리미리 준비해놓으세요. 비갱신형으로 가입하시는 거라 보험료 변동도 전혀 없습니다. 미리 넣어놓으시면 납입도 금방 끝나고 위험도 피해 가실 거예요. 오래 살면 누구나 자연스럽게 오는 것이 치매라고 합니다. 지금 어머님 보험처럼 후회하지 마시고 90세까지 보장기간 설정해놓으시면 중증치매 간병비는 돌아가실 때까지 평생 보장 나오니 절대로 후회 안 하실 거예요. 우리가 해도 후회,

안 해도 후회라고 한다면 해놓고 후회하는 게 낫지 않겠어요? 더군다나 치매보험은 전혀 없으셨으니 있는 보험 또 들지 마시고요. 마지막이다 생각하시고 없었던 치매보험만 정확히 가입해서 심사 올려드릴게요."

나는 예전에는 열심히 성실히만 살면 성공하는 삶을 살 수 있을 것이라고 생각했다. 그런데 열심히 사는 것에 비하면 늘 내 상황은 평범했고 크게 변화되는 것이 없었다. '후회하지 말아야지' 되뇌던 차에 새로운 생각을 하게 됐다. 고객과 상담을 하면서 후회는 동전의 양면과 같다는 생각을 하게 됐다. 긍정적인 면과 부정적인 면을 함께 가진 동전 말이다.

내가 '무엇이 잘못됐나?' 생각하고 후회를 반성의 계기로 삼으면 성장의 디딤돌이 될 것이고, '내가 늘 그렇지' 하면서 자책하고 나를 쥐어박기만 하면 후회는 성장을 가로막는 걸림돌이 될 것이다. 후회는 좋은 감정으로 바꿀 수 있다. 그래서 나는 하루하루를 열심히가 아니라 특별하게 살고 있다. 후회라는 감정을 긍정적으로 바라보면서 고객에게 공포를 줘서 보험을 가입시키는 것이 아니라 고객의 후회라는 감정을 건드림과 동시에 위기를 기회로 만든 것이다. 미리 준비된 자 앞에서는 위험도 피해 갈뿐더러 혹여 위험이 왔다고 하더라도 앞으로의 삶을 이 보험이 크게 변화시킬 수 있다는 것을 확신한다.

02))

아무리 강한 사람도
칭찬 앞에 장사 없다

가장 값싸고 효과 좋은 선물은 무엇일까?

그것은 칭찬이다. 칭찬은 관계를 부드럽게 하고, 상대로 하여금 나에 대한 신뢰를 높이거나 호감도를 높일 수 있는 강력한 무기다. 고객을 설득할 때는 우선 기분을 좋게 만들어야 한다. 고객은 마음이 즐거운 상태여야 움직이기 때문이다. 기분을 좋게 하는 방법 중 하나가 '칭찬'이다. 누구든지 칭찬을 받으면 기분이 좋아진다. 설령 그게 농담이라고 하더라도 기분이 나쁘지 않다. 칭찬을 받으면 이유 없이 기쁘다. 기분이 좋은 상태가 되면 거절하기 어렵다. '칭찬은 고래도 춤추게 한다'라는 말이 있다. 고객과 상담 가운데 칭찬이 없다면 너무 건조한 상담이 될 것이다.

나는 사람은 누구나 장단점을 가지고 있다고 생각한다. 그래서 사람을 볼 때 단점보다는 장점을 찾으려고 노력한다. 그 장점을 찾아서 칭찬해주는 것을 좋아한다. 물론 단점이 마음에 안 드는 부분도 있지만 장점만 보려고 하면 단점은 아무 문제가 되지 않았다. 괴테(Goethe) 역시 "남의 좋은 점을 발견할 줄 알아야 한다. 그리고 남을 칭찬할 줄도 알아야 한다. 그것은 남을 자기와 동등한 인격으로 생각한다는 의미를 갖는 것이다"라고 말했다. 무엇보다 칭찬은 우리에게 가장 좋은 식사다. 남을 칭찬함으로써 내가 낮아지는 것이 아니라 오히려 나를 그 위치로 끌어올리는 것이다.

어느 날은 한 남자 고객과 상담하던 때였다. 씩씩거리면서 내게 이 일을 하신 지 오래되셨냐고 물어보셨다. 내 경력을 말씀드렸더니 기존에 장기적으로 유지하셨던 보험을 전부 다 해약했다면서 말문을 여셨다. 보험 같은 것 안 한다며 화를 버럭 내셨다.

"고객님, 무조건 가입하라고 전화 드린 게 아니에요. 예전 보험들이 좋은 보험들도 많으신데, 부족한 부분만 보완해서 추가 가입하지 그러셨어요. 전부 해약하신 데에 이유가 있으실 것 같은데 혹시 여쭤 봐도 될까요?" 하니 가만히 숨을 고르시더니 이렇게 말씀하셨다.

"절친한 친구였는데 믿고 그냥 가입해준거죠. 그때는 사업하느라 정신없이 바쁠 때라 가족들 전부 다 그 친구한테 믿고 했는데, 나중

회사가 붙잡는 텔레마케터의 1% 비밀

에 알고 보니 그 친구한테만 좋았던 상품이지, 나한테는 형편없는 보험이었더라고요. 이것 때문에 부부 싸움도 여러 번 했습니다. 그래서 더는 말 섞고 싶지 않아서 그 친구 번호 차단하고 전부 해약했습니다. 내가 스스로 공부해서 보장을 넣는 것이 훨씬 낫겠더라고요. 그래서 이런 전화 너무 거북합니다."

"엄청 속상하시겠어요. 납입한 돈도 손해 보셔서 속상하시겠지만, 친구한테 배신당했다는 마음에 더 힘드셨죠. 고객님이 친구에게 싫은 소리는 하기 싫고 거절을 못하고 착해서 그래요. 고객님이 막상 이렇게 화는 내시지만, 저는 목소리로만 이 일을 오랫동안 해와서 사람의 성향들을 좀 알겠더라고요. 고객님, 세상 살아가면서 너무 착하게만 살아도 안 되겠더라고요. 나의 착함을 상대방은 이용해 먹는 경우가 많거든요. 착한 사람이 아니라 진짜 강한 사람이 되어야 해요. 내가 강한 사람이 되려면 무언가 부탁을 받았을 때 그게 내 선에서 할 수 있는 일이라면 도와줘도 되지만, 그 범위를 벗어난 것이라면 과감히 거절할 줄 아는 용기를 가져야 할 것 같아요. 강한 사람이라고 해서 가서 대놓고 싸우라는 게 아니라 고객님 스스로 마음을 강하게 먹었으면 좋겠습니다. 오히려 고객님 같은 분들이 마음먹으면 더 무서운 법이거든요."

"지금 저 칭찬해주시는 거 맞죠?"

"그럼요."

"제 마음 알아주셔서 감사합니다. 바쁘니까 다음에 다시 통화해요. 연락처랑 이름이나 제 번호에 좀 남겨놔주세요" 하고는 통화가 종료됐다.

2주쯤 지났을까 나를 찾는 고객이 있는데 급한 전화요청이라고 메시지가 왔다. 확인도 못하고 바로 전화를 걸었다. 한참을 통화한 고객이어서 금방 알아차렸다. 본인이 그동안에 이곳저곳 다이렉트로 직접 알아보고 보험 가입을 몇 군데 했다고 하셨다. 잘 들어갔는지 객관적으로 확인해달라는 거였다. 동의를 받고 보장 분석을 해드렸더니 타사에 치아보험, 운전자보험, 건강보험이 가입이 되어 있었다. 보장내용을 봐도 꼼꼼히 잘 가입이 되어 있었다. "공부 열심히 하셨나 봐요. 꼼꼼히 잘 해놓으셨네요"라고 말씀드리자 고객은 웃으시며 좋아하셨다. 그러시면서 "추가로 더 넣을 것 있으면 말씀 좀 해주세요"라고 하셨다.

부족한 부분들을 말씀드리자 고객은 내가 설계해서 권해주는 대로 무조건 가입을 해달라고 하셨다. 처음에는 '이분 뭐지?'라는 생각이 들었다. 그런데 2주 전에 한참을 통화한 고객이고 해서 보험료가 크게 들어갔지만 믿고 가입을 해드렸다. 나도 고객이 유지를 잘하면 너무 좋지만, 이런 큰 금액들은 유지를 못하면 상담원인 나에게도 영향이 크다. 그래서 나는 한 고객이 같은 날 여러 건, 큰 금액으로 해달라고 하면 두려운 마음이 먼저 들었다. 워낙 건강하셔서 심사는 바로 승낙됐고 서류 받으실 때쯤 다시 전화 드려서 설명을 해드렸다. 고객은 너무 고맙다며 감사하다는 말씀을 몇 번이고 하셨다.

고객이 보험을 전부 해약했다고 했을 때 몇몇 상담원들은 본인 상품 이것저것 설명하느라 바빠 보임을 느꼈다고 했다. 그런데 내 상담에서는 기존 보험을 왜 해약했는지 물었고, 본인의 속상한 마음을 먼저 물어봐줬다고 했다. 또 그런 자신을 칭찬해줘서 감동받았다고 하셨다. 보험 가입을 혼자 알아보시면서도 내 생각이 많이 나서 꼭 가입하고 싶었다고 하셨다. 나는 고객보다 더 큰 감동을 받았다. 고객님이 계셔서 내가 이 자리에 있을 수 있는 것이고 당연히 건강하셔야 하지만, 언제든지 보험가입을 안 하시더라도 궁금한 것 있으면 전화 달라고 말씀드리고 통화를 종료했다. 유지를 너무 잘 해주셨고 지금도 그때의 그 감동을 잊지 못한다. 처음에는 강하고 무섭게 말씀하셨지만, 강해 보이는 사람일수록 참 착한 고객들이 많았다.

나이토 요시히토(Naito Yoshihito)의 《말투 하나 바꿨을 뿐인데》에서 작가는 칭찬에 대해 이렇게 말하고 있다.

"상대방에게 부탁하고 싶다면 우선 충분히 칭찬해야 한다. 이 규칙을 제대로 지키면 웬만한 사람들은 여러분의 부탁을 들어준다."

아무리 강한 사람도 칭찬 앞에 장사 없다. 고객과 나의 경계를 정확히 인식하고 있다면 서로 다름을 인정하고 존중할 수 있다. 칭찬은 고객의 입장에서 고객을 존중할 때 나올 수 있는 것이다. 하지만 이런 경계 의식이 없다면 고객이 내 생각과 다르게 생각하고 행동할 때 이해가 가지 않고 괴로워진다. 강하게 화를 낸다고 해서 나와 다른 사람이라고 이상하게 생각하고 상처받지 말고, 나와 다름을 인정하고 존중해야 한다. 그러면 칭찬은 저절로 나오게 되어 있다. 칭찬은 인간의 인정욕구 중 가장 크고 가장 쉽게 마음을 여는 도구라는 것을 잊지 말자.

회사가 붙잡는 텔레마케터의 1% 비밀

03 ·))

긍정적인 말은
고객 호감도를 올린다

어떻게 긍정적인 사고를 가질 수 있을까?

　팻 윌리엄스(Pat Williams)와 짐 데니(Jim Denney)의 《리치처럼 승부하라》에는 다음과 같은 일화가 나온다. 리 대학(Lee University)의 교수인 찰스 폴 콘(Charles Paul Conn)은 리치 디보스(Rich Devos)를 처음 만났을 때 29세의 젊은 대학교수였고, 리치는 49세였다. 폴은 그 당시만 해도 긍정적인 사고가 어떠한 위력을 발휘하는지 잘 모르는 상태였다. 따라서 그토록 일관되고 치열하게 인생의 낙관적인 면을 찾아내는 리치의 모습은 폴에게 커다란 영향을 미쳤다고 한다.

　그가 그랜드 피즈에 있는 리치의 저택을 찾아간 날은 늦가을의 추운 날이었다. 그들은 거실에서 풋볼 경기를 구경했다. 선수들의 플레이가 한 번 중단될 때마다 어김없이 광고가 이어졌고 짜증이 난 폴은 이렇게 중얼거렸다. "차라리 직접 경기장에 가서 보는 것이 낫지, 무슨 광고가 저렇게도 많은지 원 짜증스러워서." 그때 리치가 그를 돌아보며 이렇게 말했다.

"폴, 지금 당장 경기장에 가서 구경을 하고 싶다고? 바깥에는 지금 바람도 많이 불고 눈발까지 날리고 있어. 입장권을 사려면 한 사람에 70달러씩 내야지, 또 가는데 길은 얼마나 막히겠나? 직접 경기장에 가는 것보다 TV로 보는 게 훨씬 경기를 잘 볼 수 있어. 자넨 지금 따뜻한 방 안에서 편안하게, 그것도 공짜로 이 경기를 보고 있지 않나. 느린 동작으로 리플레이도 나오고. 그 대가로 자네가 치러야 하는 것은 수시로 광고를 봐주는 것밖에 없어."

이제는 여러분도 '리치처럼' 생각하라. 우리의 생각은 그대로 행동을 이끌어낸다고 한다. 습관처럼 말하던 것이 실제로 이루어지니 말조심을 하라는 의미로 "말이 씨가 된다"라는 속담도 있다. 부정적인 생각은 부정적인 상황을 불러오고, 긍정적인 생각은 긍정의 힘으로 좋은 상황을 불러온다. 텔레마케터에게는 직접 개척하는 업무보다 회사에서 제공해주는 DB가 있다. 그 DB 속 고객에게 내가 어떻게 말을 하고 어떻게 그것을 활용하느냐에 따라 업무 성과는 엄청나게 달라진다. 그 DB가 좋든 나쁘든 간에 내가 DB를 판단할 수 없는 것이다. 내 마음이 중요하다. 항상 긍정의 마음으로 생각한다면 한없이 고마운 것이다. 매일매일 제공해주는 고객의 정보가 없으면 얼마나 힘들고 지루할까 싶다. 감사하는 마음으로 상담을 하면 당연히 긍정적인 말로 도입이 들어갈 것이고, 고객의 호감은 당연히 올라간다.

시쳇말로 "아, 진짜 오늘 DB 쓰레기네. 일을 하라는 거야? 말라는 거야?"라고 말하는 사람도 있다. 이런 말이 예전에는 가끔 들렸다면 요즘에는 상담원들 사이에 자주 들린다. 계약이 잘 안되면 당연하게 DB 탓을 한다. 닳고 닳은 DB라고 하는 사람, 소속 인사만 하면 무조건 뚝 끊어버린다는 사람, 고래 심줄보다 강해서 어떤 클로징을 해도 안 한다는 사람, 이처럼 불만도 다양했다. 안되는 것에 집중하면 계속 이런 고객이 나에게 오는 것만 같다. 부정적인 생각을 내가 끌어당기는 것이다. 그래서 쉽게 지치게 되고 일을 즐기면서 하기보다는 억지로 버티는 격이 된다. 직접 대면으로 일하는 분들은 하루에 한 명도 상담을 못하고 돌아오는 경우도 많다고 들었다. 그런데 우리는 사무실에 앉아서 제공해주는 부스에서 말만 하면 된다. 이보다 편한 직업이 어디 있단 말인가.

당연히 전화로 사람의 마음을 얻어 지갑을 열게 하는 것은 쉽지 않다. 근데 이렇게 힘들이지도 않고 돈을 벌 수 있는 것이 또 있을까. 나는 정말 생각하기 나름이라고 생각한다. 내가 긍정적으로 생각하면 모든 것이 감사하다. 일이 안될 때 DB 탓, 회사 탓을 하는 것보다는 잠깐 상담을 쉬고 내 콜을 들어보는 것이 좋았다. 들어보면 '아, 진짜 계약 안 나올 만하네' 하고 말할 것이다. 상담에 있어서 부정적인 말이나 생각은 되도록 하지 않으려고 노력해야 한다. 이는 옆 사람에게도 나쁜 영향을 준다. 어떤 상담원은 상담 끝날 때마다 부정적인 말을 옆 사람한테 쏘아붙인다. 그러면 듣는 옆 사람은 너무너무 지친다. 그 기운에 옆 사람도 영향을 받아 일이 잘 안된다. 그런데 문제는 부정적인 말을 쏟아붓는 사람은 아무렇지 않은 듯 살살 웃어가면서 또 고객을 상담한다는 것이다. 이런 사람과는 되도록이면 말을 섞지 말고 멀리하는 것이 좋다.

나는 하루에도 수십 명의 고객들을 상담한다. 얼마나 다양한 고객들이 있는지 모른다. 그중에 기억나는 고객이 있다. 전화할 때마다 보험에 궁금한 것들을 많이 여쭤 봤던 고객이었다. 다만 클로징을 하면 무슨 이유에서인지는 모르겠지만, 갑자기 바빠졌다며 전화를 끊어버렸다. 처음에는 바쁜가 보다 하고 그럴 수 있지 하며, 두세 시간 있다가 다시 전화를 했다. 다시 또 처음 상담하는 것처럼 질문이 많으셨다. 친절하고 정확하게 설명을 해드렸다. 보험에 니즈도 있어 보이셨다. 보험도 좋아하는 분이셨다. 30분 가까이 통화를 했나? 중간중간에 수시로 클로징을 했지만 잘 안됐다. 이번에도 실패하고 바쁘다며 전화를 끊었다.

전산에 메모만 남겨놓고 일정 등록을 했다. 3~4일 뒤에 예약이 떠서 나는 고객에게 다시 전화를 걸었다. 고객은 내 이름을 듣자마자 뚝 끊어버렸고 나는 당황스러웠다. '보험에 관심이 없는 건가? 안 하시려고 일부러 안 받는 건가? 안 하신다고 하면 더 전화 안 드릴 텐데. 그냥 정확하게 얘기해주시면 서로가 편하지 않을까?' 하며 스스로 중얼거렸다. 이런 일은 워낙 자주 겪는 일이다. 고객과 미리 날짜 시간까지 맞춰서 전화를 드렸음에도 불구하고, 아예 연락이 안 되는 경우도 많았다. 이 고객은 예약해서 전화한 것도 아니었고 보험에 관심은 있었지만 갑자기 바빠진 것 때문이었으니까, 자주 전화를 드리면 하고 싶은 보험도 안 하고 싶어질 것이라고 생각했다.

"고객님, 며칠 전 상담 도와드렸던 김수경입니다. 고객님이 보험에 관심이 있으셔서 꼭 가입하셔야 하는 보험을 그때 말씀드렸는데 연락이 안 되는 것을 보니 업무상 중요하고 급한 일을 처리하시는 것 같습니다. 제가 조금 더 기다려야 하지만 저희도 전화 드릴 수 있는 캠페인 기간이 있어서 문자만 드리고 먼저 퇴근합니다. 늦은 시간만 통화가 편한 고객님이셨는데 더 못 기다려서 죄송합니다. 문자 보시면 바로 연락 안 주셔도 되고요. 고객님 일 다 처리하시고 시간적 여유가 되실 때 연락 주시면 다시 도와드리겠습니다. 고객님, 늘 고맙고 감사합니다. 항상 건강 챙기면서 일하세요."

이렇게 문자만 보내드리고 퇴근을 했다. 3일 뒤 고객에게 직접 전화가 왔다. 앞에 상담이 길어져서 전화를 늦게 드렸다. 고객은 목소리가 굉장히 밝으셨고, 왜 이렇게 통화연결이 안 되냐며 너스레도 떠셨다. 잊지 않고 전화 주셔서 너무 고마웠다. 정말 일이 바빠서였는지는 잘 모르지만 말이다.

"고객님, 요즘에 일이 없어서 힘들어 하시는 분들도 많은데 매일 이렇게 바쁘게 움직이시고 일하시니 얼마나 좋으세요. 문자 보내드린 것 보고 연락 주셨어요?"

"상담원님은 말도 예쁘게 하셨지만 문자에 진심이 느껴졌어요. 믿고 맡겨도 되겠다 싶어서 연락드렸습니다. 사실 제가 여러 군데 상담을 받아 놓아서 전화가 엄청 들어왔었거든요. 받을 때까지 계속 전화하고 해서 불쾌한 부분도 있었는데, 문자를 남겨주시니 제가 마음 결정하기가 쉬웠습니다."

식물에게도 '사랑한다'라는 말을 계속하면 죽어가던 식물도 살아나고, 물을 컵에 담고 '사랑해'라고 계속 말하면 물 분자 구조가 육각수로 성분이 변한다고 한다. 두 개의 밀폐 용기에 밥을 넣고 한 용기에는 '사랑해'라고 말하고, 다른 하나는 그냥 방치해뒀더니 '사랑해'라고 말한 밥은 한 달 뒤 다시 먹을 수 있었지만, 방치해뒀던 밥은 곰팡이가 생겼다는 실험도 있었다. 이런 이야기가 나올 만큼 말의 힘은 강하다. 좋은 생각, 긍정적인 말로 정성스럽게 진심을 다해 고객

회사가 붙잡는 텔레마케터의 1% 비밀

에게 말을 하면 실적도 상승하게 되고 나도 발전하는 계기가 된다.

안되면 되는 방법을 찾으면 된다. '왜 안되지?'에 집중하지 말고 '어떻게 하면 될까? 무슨 다른 좋은 방법이 있을까?'에 집중하면 된다. 그러면 정말 되는 방법이 나온다. 긍정적인 말은 긍정적인 행동으로 나오게 되고, 고객은 호감도가 올라간다. 언제나 낙천적이고 긍정적인 마음을 유지하도록 해야 한다. 늘 긍정적인 면만 바라보고 밝게 웃으며 자신감 또한 잃지 말아야 한다. 이런 상담원이야말로 진정으로 행복해질 자격이 있다. 목표가 실현 불가능해 보여도 결코 뜻을 포기하지 않았으면 좋겠다.

04 ›))

자세히 말하기보다
알아듣게 말하라

 일을 잘하는 요령 중 하나는 고객에게 자신의 말을 잘 이해시키는 것이다. 요즘에는 말하는 법에 관한 다양한 강좌가 넘쳐나고 있지만, 이해하기 쉽게 말하는지 아닌지는 내 이야기를 고객의 입장에서 생각할 수 있는지 아닌지에 달려 있다.

 20년 전 LG그룹의 이야기다. 당시 LG그룹의 구본무 회장이 새로 준공한 연구소를 방문하자, 직원들이 연구소의 실적과 목표, 미래 비전 등에 관해 브리핑을 했다고 한다. 한참을 듣던 구 회장이 말했다. "나는 지금 도대체 무슨 소리를 하는지 통 못 알아듣겠어요. 뭐 그렇게 어려운 약자를 많이 씁니까? 그럼 내가 질문 하나 할게요. 'BMK'가 뭡니까?" 느닷없는 질문에 발표자가 모른다며 당황해한다. "모르겠지요? 그거 내 이름 약자입니다. 본무 구, BMK. 그러니까 여러분끼리 쓰는 어려운 용어나 약자를 그런 식으로 막 쓰면 여기 있는 우리가 어떻게 알아듣겠어요? 말을 듣는 사람 입장에서 브리핑을 해야지. 고객들에게도 마찬가지에요."

백번 옳은 말이다. 우리가 고객에게 상품 설명을 할 때 전문 용어를 섞어서 설명하면 고객들이 어떻게 알아듣고 이해를 하겠는가. 막상 상담원들도 본인도 이해가 안 되는 것을 설명하는 분들도 있다. 정말 탁월한 상담은 어려운 전문용어를 나열하는 것이 아니라 누구나 내 상담을 듣고 이해할 수 있게끔 쉽고 간결하고 명확하게 하는 것이다. 알아듣게 설명을 하려면 상담원들이 정확히 상품 숙지를 해야 한다. 초등학생이 들어도 이해할 수 있는 상담이 정말 좋은 상담이라고 할 수 있다. 정말 훌륭한 상담원은 내가 가진 지식을 고객의 수준에 맞춰주는 상담원이다. 알아듣게 설명하기 위해서는 더 많은 수고와 노력이 필요하기 때문이다.

건강보험을 가입했던 고객이었다. 최근 타사에서 보험금 청구 이력이 있으셔서 간 쪽으로 부담보 5년이 나온 경우였다. '부담보'라는 것은 그 기간 안에는 해당 질병 쪽으로는 보장을 안 해주겠다는 의미다. 처음에는 고객이 아무것도 아니고 양성 혹이라며 정기적으로 크기만 지켜보자고 했다고 하셨다. 서류를 원하시면 병원 가서 떼 오겠다고 하셨다. 나는 고객에게 말했다.

"고객님, 서류를 발급해오시려면 왔다 갔다 교통비도 드시고 병원 가면 발급 수수료도 내셔야 하며 바쁜 시간 내서 가야 하시잖아요. 서류를 떼 오셔서 부담보가 줄거나 아예 심사가 통과되는 상황이라면 제가 당연히 바쁘시더라도 다녀오시라고 말씀드리고 싶은데요. 이건 타사에서 보험금 청구이력이 정확히 뜨는 거라 서류를 떼 오셔도 부담보 기간은 동일하게 잡히실 것 같아요."

"내가 간 쪽으로 더 보장받고 싶어서 가입한 건데, 간 쪽으로 5년밖에 보장을 안 해준다면 가입한 의미가 없죠. 안 그래요?"

"고객님 입장도 충분히 이해는 돼요. 단순 물혹이라 했는데 보장을 안 해줘서 속상하신 마음은 아는데요. 오히려 보험사는 그 양성 물혹을 제거해서 없어졌다면 부담보 없이 가입이 되는 경우가 많아요. 근데 내 몸에 그 혹을 보유하고 있기 때문에 양성이 악성으로 될 확률도 있는 거라서 부담보를 잡는 겁니다. 혹시 부담보 잡는 게 싫으시면 보험료를 조금 더 내고 보장받는 유병자보험도 있는데 그걸로 안내드려 볼까요?"

"그게 뭔데요?"

"기존 것은 제가 건강하신 분들만 가입할 수 있는 보험으로 가입을 해드린 거고요. 보험료는 당연히 저렴하죠. 그런데 유병자보험은 병력이 있으셔도 건강하신 분들처럼 보장이 나갑니다. 보험료가 건강하신 분들보다는 비싸요. 그럼에도 오히려 이 보험에 가입하시는 분들도 많으세요. 사람 일은 알 수가 없다면서요."

"그럼 보험료를 더 내고 부담보 안 잡는 걸로 그냥 해주세요. 저는 뭐 걸려 있고 복잡한 거 싫어합니다."

"그럼 유병자로 가입해서 자동심사 되면 기존 보험은 거절처리 해드릴게요"

"알아듣기 쉽게 제가 원하는 질문에 시원시원하게 답을 해주시니 감사합니다. 이 일한 지 오래되셨죠? 저도 사업하는 사람이라 잘 압니다. 아무쪼록 신경써주셔서 감사합니다"

이렇게 통화를 종료했다.

상담을 하면서 고객의 질문을 받을 때, 내가 과정에 집중해서 설명을 하는 편인지, 결과에서 먼저 답을 내리고 과정을 설명하는지를 잘 살펴보면 된다. 상담을 어렵게 하는 대부분의 사람은 고객이 질문을 할 때 과정을 길게 나열한다. 그리고 나서 결과를 얘기해주면 고객들은 지루해하고 알아듣지 못해서 그냥 기존 것을 취소해달라 하고 놓치는 경우가 많다. 그러나 고객 입장에서 생각하고 상담을 한다면 언제나 쉽게 설명할 수 있게 된다.

다른 보험 상담을 하고 있는데 치아보험에 대해서 문의를 하셨던 고객이 있었다. 치아보험을 들고 싶어 하는데, 본인 나이에 어느 정도 보험료가 나오는지를 궁금해하셨다.

"고객님, 보험료를 말씀드리기 전에 혹시 현재 치아 치료 중이시거나 치료 소견 받으신 것은 없으실까요?"

"그건 없는데요. 치아가 몇 개 빠진 것은 있어요."

"빠진 치아의 원인이 충치나 재해원인인가요? 아니면 치주염이나 잇몸질환 원인인가요?"

"당뇨가 있어서 잇몸이 안 좋긴 한데 그건 잘 모르겠네요."

"보험 가입을 하기 전에 빠진 치아에 대해서는 보장이 안 나가고요. 5년 내에 잇몸질환 치료력이 있으면 치아보험은 가입이 어려우신데 해당되는 것 있으실까요?"

"아, 그럼 안 되겠네요. 그때 구강검진 받으러 갔을 때 지금 씌운 치아도 많이 닳아서 임플란트 해야 할 수도 있다고 했거든요. 당장은 아닌데 언젠가는 임플란트 해야 한대요. 기존에 없는 치아 임플란트 보상 받으려고 물어본 건데 안 되나요?"

"죄송합니다. 그건 보장이 어려우세요. 암보험을 암 진단받으신 분들은 가입이 안 되시는 것처럼 치아보험도 치아가 보험 가입 전 빠져 있는 경우 그 치아는 보장이 어려우세요. 임플란트도 남아 있는 내 치아에 대해서만 보장이 나가는 겁니다."

"저번 상담원은 그런 얘기 없었는데요. 나중에 제가 전화 달라고 했는데 바빠서 통화를 못 받았었거든요. 근데 오늘 마침 전화 와서 여쭤 본 건데 안 되나 보네요?"

"네, 치아보험은 어려우실 것 같으세요."

"아이고, 알아듣기 쉽게 정확하게 설명을 해주니 금방 이해가 됩니다. 괜히 가입했다가 보상도 못 받을 뻔 했네요."

이처럼 상담은 자세하게 길고 어렵게 말할 필요가 없다. 고객의 입장에서 고객이 쉽게 알아들을 수 있도록 핵심만 얘기했을 때, 고객들은 가입이 안 되더라도 늘 반응이 좋았다. 그날의 실적 때문에 가입이 안 되는 것을 알면서도 억지로 가입을 해줬던 경우도 있었다. 그런데 그것은 정말 시간 낭비고 에너지 낭비였다. 안 되는 고객에게 길게 자세히 설명해봤자 아무 소용이 없었다. 바로 거절되며 그 실적은 없어지기 때문이다. 보험에 니즈가 있고 필요성을 느끼고 무엇보다 보험을 좋아하는 사람도 많다. 고기도 먹어 본 사람이 먹는다는 것처럼 보험도 하는 사람이 더 많이 한다. 하려고 하는 고객에게 쉽고 정확하게 핵심만 설명했을 때 성과는 훨씬 높았다. 어렵고 자세한 설명은 오히려 고객을 혼란스럽게 만든다는 것을 꼭 잊지 말자. 언제나 자세히 말하기보다 알아듣기 쉽고 명확하게 말하라.

모든 답은
고객의 말에 있다

'말 한마디로 천 냥 빚을 갚는다'라는 말이 있다. 이는 말투에 따라서 사람의 마음을 움직일 수 있다는 뜻이다. '아' 다르고 '어' 다르다는 말도 있다. 같은 의미라도 어떻게 말을 하느냐에 따라 그 느낌이 달라진다는 뜻이다. 경력이나 외모가 아무리 훌륭한 사람이라도 말을 어떻게 하느냐에 따라 그 사람에 대한 평가가 달라지기도 한다. '말'은 쓰는 사람의 내면에서 우러나는 향기와 같기 때문이다.

고객과의 대화에서 가장 중요한 것은 바로 고객의 마음을 읽는 것이다. 고객이 진심으로 원하는 것이 무엇인지 빨리 알아채 이를 해결해주는 것이 핵심이다. 고객과 대화를 하다가 말다툼을 벌이게 되는 경우를 따져 보면 고객의 말을 제대로 경청하지 않았을 때가 대부분이다. 고객의 말에 귀를 기울이지 않으면 고객은 자신이 무시당한다는 생각을 갖게 된다. 무심코 하는 행동이 고객의 말을 주의 깊게 듣지 않고 있다는 뜻으로 비칠 수 있다.

보험은 중간에 납입을 하다가 해약을 하면 손해를 본다. 당연히 고객들도 알고 있으리라고 생각하면 안 된다. 특히나 보장성보험 말고 저축보험이나 연금보험을 팔 때는 더더욱 주의 깊게 천천히 강조하면서 상담을 해야 한다. 내가 상담을 하면서 가장 힘들었던 것은 종신보험과 저축보험, 연금보험을 판매했을 때였다. 가입 당시에는 고객들도 정확히 인지했고 QA, 해피콜까지 정확히 완료가 된 계약이었다. 그런데 사람에게는 정말 좋은 날도 많지만, 예기치 않은 일이 생겨 힘들어지는 날도 분명 있다. 그렇게 되면 가장 먼저 고객은 보험을 해약한다. 보험 해약을 할 때 내가 납입한 금액보다 손해가 많으면 고객들은 돌변하는 경우가 많았다. 내 돈이 소중하면 고객 돈도 소중하니 화가 나는 것도 당연하다.

"고객님, 손해 보셔서 속상한 마음은 너무 잘 알겠는데요. 보험 가입 당시에도 말씀을 드렸고 인지가 다 된 부분인데 지금 와서 이렇게 소리 지르신다고 없는 돈이 생기지 않으세요. 저도 제 마음 같아서는 고객님 보험료 납입한 것을 다 돌려드리고 싶네요. 그런데 너무 죄송하지만 제가 해드릴 수 있는 게 없어요."

"순 도둑놈들. 소비자들 돈 다 뜯어다가 보험사 건물만 올리는 것들! 보험 추가 가입할 때만 전화하고, 보험 가입한 고객은 제때 관리도 잘 안 해주고. 이게 뭡니까?"

　고객 말씀이 다 맞았다. 회사에서는 새로운 계약을 하는 것에만 늘 신경이 곤두서 있다. 나 또한 가입하려는 가망고객에게는 시도 때도 없이 전화하면서 막상 고객이 계약을 하고 유지가 잘되면 특별한 일이 아니고서는 연락을 안 드렸다. 고객의 성향에 따라서 어떤 고객은 자주 연락해서 관리해주는 것이 좋다는 분들도 계셨고, "필요하면 내가 알아서 전화할게요"라며 거부하는 고객들도 있었다. 자주 연락드린다고 해서 해약해야 하는 보험을 억지로 유지하고 있지는 않으니 말이다. 한편으로 나는 두려운 마음이 있었다. 괜히 계약해서 잘 유지하고 있는 고객에게 자주 전화를 하면 해약 시키는 꼴이 될까 싶어서였다. 그런데 이 고객과 통화를 하면서 계약이 끝나고 나면 꼭 물어보는 질문이 생겼다.

　"고객님, 소중한 시간을 내주셔서 감사드립니다. 가입해주신 만큼 최선을 다해 관리 잘 해드리겠습니다. 혹시 제가 자주 연락해서 가입하신 보험을 안내해드리는 것 괜찮으세요? 아니면 고객님이 필요하실 때 저를 찾아주시는 것이 편하실까요?"

　추가 계약 가망을 잡을 때도 후자 고객들은 연락하기 전에 미리 신상품 문자를 보냈다. 관심 있는 고객들은 별도로 연락을 주셨던 경우가 많았다. 이 고객을 통해서 나는 내 스타일만 고집해서 고객을 힘들게 하지 않았고, 최대한 고객이 원하시는 방향으로 고객 입장에서 편하게 상담을 하고 계약을 했다. 고객의 민원을 통해서 나는 고객의 마음을 다시 알게 됐고, 이는 너무나 감사한 일이었다.

고객의 말에 집중 또 집중해야 한다. 실제로 고객의 이야기를 끝까지 집중해서 듣는 것은 생각보다 어려운 일이다. 수많은 사람을 상대해야 하고 시간은 한정되어 있고 그날 실적도 채우고 퇴근을 해야 하기 때문이다. 말하는 것보다 듣는 것이 더 힘들다는 사실은 모두 느끼는 일이다. 특히 수많은 고객을 마주하느라 지쳐버린 상황에서 모든 고객의 말에 일일이 집중하며 듣기가 어려운 것도 사실이다. 그러다 보면 고객의 질문에 건성으로 대답을 하거나 고객의 말이 끝나기도 전에 결론을 지어 답해버리는 경우도 있다.

상담 중 또 힘든 고객은 본인이 수술을 하셨는데 가입한 보험에서 보상이 적게 나갔거나 보장이 안 된 경우다. 이분들은 이미 보상과에서 통화가 되어 완료가 됐던 고객들인데 한참이 지났는데도 상담원한테 얘기하면 뭐가 풀리는 것이 있는 것 같은지, 계속해서 본인 이야기만 하신다. 병원비는 수백만 원이 들었는데 고작 몇 십만 원 받았다고 이야기한다. 이럴 거면 누가 보험을 넣느냐면서 말이다.

"고객님, 수술비 보험을 넣어놓으신 거는 정액 보장이라고 해서 고객님이 얼마를 썼든지 상관없이 수술 코드가 맞았을 때 정해진 금액을 보상해주는 보험이에요. 내가 쓴 치료비를 주는 의료 실비가 아니세요. 실비보험 있는 분들이 중복 보장으로 보장을 더 받기 위해 넣어놓은 보험이라고 보시면 되고요. 실비보험 가입이 어려우신 분들도 수술비 보장만 따로 넣는 분들도 많이 계세요. 입원은 잘 안 해도 사소한 시술이나 수술은 더러 하시는 경우들이 있거든요. 소소한 수술비뿐만 아니라 큰 수술까지도 보장 가능하신 거라 잘 해놓으셨고요. 한 번 주고 끝나는 보험 아니고, 수술하실 때마다 보장받을 수 있어요."

　당연히 속상한 일이다. 그래서 보험에 가입할 때는 정확하게 정말 중요한 핵심을 짚어 주는 것이 가장 좋다. 사실 정확하게 안내를 해도 고객은 본인이 듣고 싶은 대로 생각하고 알고 있는 것이 문제다. 그래도 나는 이런 고객들이 많아지면서 더 이상은 이런 피해를 당하는 고객들이 많아지면 안 되겠다 싶었다. 그래서 꼭 "병원에 가서 입원하고 수술하면 나오는 보험 있어요?"라고 묻는 고객에게는 "고객님 본인 이름으로 가입된 의료실비보험이 있으실까요?"를 가장 먼저 물어보고 잘 모른다 하면 타사 전체 실비보험 유무를 확인해드린다. 타사에 있으면 넣어봤자 중복보장이 안 되어 넣을 필요가 전혀 없다. 실비보험이 없다면 저렴한 단독 실비를 우선적으로 넣어줬고, 실비가 있으신 분들은 수술비를 더 받을 수 있도록 중복으로 가입을 해드렸다.

예전에는 '고객들이 설마 실비보험으로 알고 있지는 않겠지?' 의문이 들어도 나는 설명을 명확히 했다고 생각해 가입을 해드렸다. 그런데 이 고객님을 통해 다시 한번 주의 깊게 경청하게 됐고, 고객의 말에 답이 있다는 것을 또 배우게 됐다. 나한테 가입하는 고객에게만큼은 의료 실비와 수술비보험에 대한 차이점을 정확히 쉽게 말씀해드리고 가입을 시켜드렸다. 그리고 보험금을 청구할 때도 큰 민원 없이 잘 처리하는 모습들을 여러 번 봤다. 의료 실비는 사실 병원에서도 소소한 치료로 비급여 치료를 워낙 많이 권하기 때문에 치료비 부담을 위해서는 꼭 있어야 하는 보험이다. 혹여 크게 아파서 입원해도 비급여 치료들이 자기부담금을 일부 공제하고 받을 수 있는 상품이라서 보험이 하나도 없다면 실비보험은 필수로 넣어놓기를 권한다.

누구나 좋은 상담원이 되고 싶다. 좋은 상담원은 고객을 가르치려고 하는 상담원이 아니라 고객의 말을 끊임없이 경청해주고 고객에게 관심을 가지는 상담원이다. 고객의 입장에서 고객에게 관심이 없다면 고객이 무엇을 원하는지 정확히 캐치하기가 어렵기 때문이다. 경청은 훈련이다. 최대한 내 입을 다물고 귀를 열어서 고객의 말을 천천히 귀담아 들어보라. 분명한 것은 고객의 말에 모든 답이 숨어 있고 그 답을 찾아야 한다는 것이다. 그리고 거기서 생각만 하고 끝나지 않고 실행할 때, 두려움은 사라지고 나의 실적은 몰라보게 올라가 있을 것이다.

06 ·))

고객의 반론에
비유로 대답하라

우리가 상담을 할 때 전문가답게 보이는 것이 중요해 보이지만, 사실 더 중요한 것은 고객의 눈높이에서 쉽게 이해시킬 수 있는 '비유'를 잘 활용하는 것이다. 무형의 상품인 보험은 아무리 잘 설명한다고 해도 이해하기 어려운 것이 사실이다. 고객이 잘 알고 있는 상황에 비유해서 표현해야 쉽게 이해를 시킬 수 있고, 고객이 이해가 되어야 클로징도 쉽게 할 수 있다. 쉽게 이해시키지 않으면 나는 고객에게 팔려고만 하는 사람이 되는 것이다.

"사람들은 팔려고 하는 사람들을 싫어하는 것이 아니다. 다만, 팔려고만 하는 사람을 싫어하는 것이다"라는 세일즈 명언이 있다. 열심히 팔려고 하는 사람은 자체만으로도 응원하고픈 마음이 들고 가입할까 하는 마음이 생기지만, 이를 넘어서 '팔려고만' 하는 사람에게는 거부감이 들기 마련이다. 그렇다면 팔려고만 하는 느낌을 주지 않기 위해서는 어떻게 하는 것이 필요할까? 당연히 여러 관점에서 많은 노력이 필요하다. 그중에 가장 우선할 것은 고객 말에 귀를 기울이고, 고객이 어떤 반론을 하는지를 주의 깊게 듣는 것이다.

나는 신입 때 고객의 거절과 반론이 너무 무서웠다. '또 거절하면 어떡하지?', '계속 어려운 반론을 하면 뭐라고 대답하지?' 하고 말이다. 그러나 전혀 모르는 사람이 전화해서 보험 상품을 안내하면 거절하는 것이 당연하다. 당연하다고 생각하고 받아들이면 쉬운 것을 왜 그렇게 힘들어했는지. 지금 생각해보면 그때 그 시절이 있었기 때문에 지금의 여유가 생기지 않았을까 싶다. 반론은 영업에 있어서 당연하다. 거절도 계속 당해봐야 내성이 생기고 더 단단해진다. 반론을 잘 이겨내지 못하면 멘탈이 흔들리게 되고 정신적인 스트레스로 장기근무를 하기 어렵다. 오래 일을 하지 못하고 그만두는 가장 큰 이유다.

고객의 반론을 많이 듣고 경험해봐야 상담원 스스로가 성장할 수 있다. 그러면 오히려 반론해주는 고객이 고마워진다. 반론은 반대로 고객의 관심이기 때문이다. 상담원만 처음부터 끝까지 혼자 말을 하게 되면 고객은 관심이 없다. 계약할 확률도 현저히 떨어진다.

드라마 〈무빙〉에서 조인성은 작전에 실패한 한효주에게 이렇게 말한다.

"작전 실패는 잊으세요. 의도된 실패는 실패가 아닙니다."

나는 이 멘트가 세일즈의 명대사라고 생각한다. 영업을 하는 사람들이 가장 두려워하는 것은 고객의 거절과 반론이다.

"미안하지만, 관심 없어요."

"설명은 참 잘 해주셨는데 어쩌죠. 이번 달에는 제가 여윳돈이 없어서요."

누구보다 열정을 다해 설명을 잘했다고 생각했는데, 고객에게서 이런 말을 들으면 기운이 쫙 빠진다. 나 역시도 오랫동안 이 일을 했지만 거절에 대한 공포를 극복하는 게 어렵고, 한계가 있었다. 그래서 되는 방법을 생각해낸 것이 있다. 바로 고객이 반론을 했을 때 비유로 대답하는 것이다. 고객이 할 만한 반론을 내가 미리 말했다.

"고객님, 웬만한 보험은 다 준비해놓으셨죠. 그래서 더 이상은 필요 없다고 생각하시고요. 하지만 요즘에 뉴스나 텔레비전을 보시면 치매 얘기가 많이 나오는 거 보셨을 거예요. '나는 치매만큼은 안 걸려야 할 텐데' 하고 고민해보신 적 있으시죠? 기존 보험은 치매 진단비만 나갔는데요. 지금은 평생 간병비까지 보장해주는 보험이 있어서 고객님처럼 보험을 많이 가지고 계시는 분들한테 있는 보험을 더 하라고 권해 드리는 것이 아니라 빠져 있는 보험만 추가 권유드려요.

'고기도 먹어 본 사람이 먹는다'라는 속담이 있죠. 한 문제라도 더 본 사람이 시험을 더 잘 볼 수 있고, 한 번이라도 자전거를 타 본 사람이 처음 타는 사람보다 자전거를 더 잘 탈 테니까요. 보험이란 정말 중요합니다. 고객님도 많은 것을 경험하고 겪어서 이렇게 보험을 구체적으로 정확하게 가입해놓으신 거잖아요. 위기가 닥쳐올 때 그에 맞는 대처를 할 수 있도록 말이에요. 위기도 겪어 본 사람이 잘 대처하는 법이에요."

결과적으로 이 고객님은 치매보험뿐만 아니라 암도 진단비만 포함되어 있어서, 암 치료비까지 추가로 넣어드렸다. 간혹 보험이 너무 많이 들어가 있으면 지레 겁먹고 인사만 하고 나올 때도 있었다. 그런데 보험을 한두 개 가지고 있는 분들보다 보험을 많이 가지고 있는 분들이 더 쉽게 계약한다는 것을 알았다. 어떤 상품을 판매하든 고객의 반론 멘트는 거의 정해져 있다. 고객들이 자주 하는 멘트를 내가 비유를 들어 쉽게 설명해주면 고객은 스스로 쉽게 답을 내렸다.

언젠가는 한 남자 고객과의 상담이었다. 이분은 보험이 있어야 한다는 것은 잘 아는 고객이었다.

"저도 가입은 하고 싶은데요. 경제권을 아내가 쥐고 있어서 저는 힘이 없어요. 아내와 얘기해볼 테니 다시 전화 주세요."

"고객님, 당연히 부부 사이에 두 분 모르게 보험 가입을 하실 수는 없으세요. 근데 친구들하고 술자리를 가질 때도 '내가 계산할게'라고 허락받고 술 드시나요?"

"그건 아니죠."

"고객님, 그렇죠. 친구들하고 식사하고 술 한 잔 해도 아마 10만 원은 금방 쓰실 거예요. 그것은 없어지는 소비거든요. 그런데 고객님, 이것은 소비가 아니라 투자라고 생각해보시면 어떨까요? 당연히 아무 일 없으시겠지만, 혹여 불의의 사고가 있었을 때 이런 보험이 있어서 보장이 크게 나가면 남아 있는 가족들에게 엄청난 힘이 될 거예요. 없는 돈이다 생각하고 해놓으시면 앞으로는 정말 그때 해놓길 잘했다는 생각이 드실 겁니다. 그리고 가족을 위하는 건데 싫어하실 배우자 분들 없으세요."

"그래요. 제가 술 담배 하는 돈 아껴서 해보죠."

상담원은 '고객이 어떤 거절의 멘트를 날릴까? 어떤 이유를 대고 안 하려고 할까?'라고 걱정하는 것보다 '이런 거절을 하겠지?' 하고 미리 준비가 되어 있어야 한다. 그러면 고객의 거절에도 자신 있게 다가갈 수 있다. 반론을 했을 때 너무 고객 입장에서만 이해해줘도 안 된다. 그럼 주객전도가 된다. 고객 입장에서 이해를 하고 받아들이되 내가 전화를 건 목적을 항상 기억해둬야 한다. 서로 라포 형성이 잘될 때 쉽게 비유를 들어서 고객의 눈높이에 맞춰 설명을 해주면 된다. 자세하거나 있어 보일 필요도 전혀 없다. 그냥 고객이 가장 알아듣기 쉽게, 고객의 상황에 맞는 비유를 들어가며 고객을 깨닫게 하는 것이 중요하다. 우리는 멘트의 달인이 되어야 한다. 그래야 어떤 반론이 들어와도 당당하고 자신 있게 말할 수 있는 텔레마케팅의 장인도 될 수 있다.

회사가 붙잡는 텔레마케터의 1% 비밀

공감하라, 소통하라, 실행하라

나는 공감 능력이 우수한가?

나는 소통 능력이 뛰어난가?

나는 실행 능력이 탁월한가?

영업을 함에 있어서 공감하고 소통해주고 실행에 옮기는 것은 엄청나게 중요하다. 영업을 잘하는 사람은 이 3가지를 모두 정확히 갖추고 있기 때문이다. 공감 능력은 우수한데 소통 능력이 없어서 고객을 놓치는 경우도 많고, 공감 능력도 우수하고 소통 능력도 출중한데 강하게 클로징하는 실행 능력이 떨어져서 고객을 놓치는 경우도 많다. 그래서 영업에 있어서 이 3가지는 훈련하고 또 훈련해서 삼박자를 모두 갖춰야 한다. 영업은 타고난 재능으로 하는 것보다 모방하고 노력하는 것에 성공이 달려 있기 때문이다.

나는 앞서 말한 것처럼 25세에 이 일을 처음 시작했다. 시작하자마자 크게 어려움 없이 영업을 꽤 잘했다. 하루아침에 잘된 것은 아니다. 나는 고등학교를 졸업하고 대학 진학을 하지 않고 삼성증권에 취업을 했다. 증권회사에 있으면서 창구에서 수많은 사람들을 상대했고, 늘 고객 CS(Customer Service)와 관련해서 평가받는 삶을 살았다. 그때는 누군가에게 평가받는다는 것이 싫었다. 늘 고객만족을 최우선시했다. 교육하고 공부하며 시험 보는 날들의 연속이었다. 내가 영업을 잘할 수 있었던 이유도 이런 경험들이 있었기 때문이고, 이 덕분에 남들보다 쉽게 정상에 오를 수 있었다. 고객을 상대할 줄 알았고 공감의 능력도 뛰어났으며 소통에 강했고 실행 능력도 탁월했다.

옆 선배들이 상담하는 것을 들어보면 배울 만한 멘트도 정말 많았다. 순간순간 다 받아 적어놨고 상담을 하면서 적재적소에 사용을 했다. 재미도 있었고 실적도 나오니 일이 참 즐거웠다. 일이 잘될 때는 말만 하면 고객들이 믿고 가입을 해줬으니 얼마나 신기하고 놀라웠는지 모른다. 텔레마케팅 상담은 고객이 바쁜 와중에 전화를 해서 녹취로 계약을 한다. 최대한 시간에 맞춰서 짧은 시간에 계약을 하려면 센스도 있어야 한다. 가끔은 정말 눈치 없는 상담원도 있다. 그런 사람은 이 일을 하면서 성공하기가 어렵고, 이 일이 버겁게만 느껴질 것이다. 내 상담 콜은 길지가 않다. 내가 어떻게 고객과 공감을 하고 소통을 하며 실행해서 계약을 하게 됐는지, 그 사례를 나눠 보고자 한다.

텔레마케팅 상담에는 채널이 여러 개 있다. 나는 아웃바운드와 기계약 보험을 유지 관리하는 POM(Policy Owner Marketing)센터에 오래 있었다. POM센터에는 신입사원은 거의 없고 경력자들만 입사를 할 수가 있다. 아웃바운드가 급여는 훨씬 높았지만, 돈도 벌면서 내 몸이 편한 것이 좋았기 때문에 나는 POM센터가 맞았다. 기존 보험도 정확히 공부해서 알고 있으면 상담에 도움이 많이 됐다.

첫 번째 고객은 통화를 하는데 보험이 두세 개 가입되어 있었다. 그런데 최근에 가입한 보험은 암 치료비가 고액으로 보장되는 상품이었다. 나는 고객에게 질문을 했다.

"고객님, 다른 보험은 진단비, 수술비 위주로 보험을 잘 준비를 해놓으셨는데 암은 치료비만 준비가 되어 있으세요. 치료비는 말 그대로 치료를 하고 나서 그 치료법이 약관상 맞았을 때 보상을 해주는 거거든요. 혹시 다른 보험사에 암 진단비가 있었던 거예요?"

"네, 암 진단비 상품은 타사에 가입이 되어 있습니다. 그래서 치료비만 넣었을 거예요."

"고객님, 정말 잘 준비해놓으셨어요. 요즘에는 진단비는 진단비대로 받고 암 진단받아도 워낙에 다양한 치료법들이 있어서 입원도 안 하고 통원으로도 치료를 많이 하더라고요. 어떤 고객님은 회사 일 하시면서 통원으로 치료받는 분도 계셨고요. 고객님께서도 통원치료도 보장받을 수 있는 것으로 넣어두셨네요."

"네, 저도 서류 확인했는데 상담원이 잘 넣어줬더라고요."

"맞아요. 건강검진만 꾸준히 잘 받으시면 될 것 같아요. 그런데 고객님 저희 회사에도 암 진단비 한도가 남아 있어서 추가해드릴 수는 있는데요. 타사에 암 진단비가 많이 들어가 있으세요? 고객님도 당연히 들어서 알고 계시겠지만, 진단비는 의사가 암이라고 진단만 내리면 선 지급으로 보험금이 지급이 되는 거예요. 제 고객님 중에 암 진단받으신 분이 계셨는데요. 진단비와 치료비가 똑같은 것인 줄 알고 가입을 하셨다가 엄청 후회하신 분이 계셨거든요. 너무 속상해하셨어요."

"저도 똑같은 것으로 알고 있었어요. 근데 그것을 고객들이 어떻게 압니까? 그냥 진단받고 치료받으면 보상해주나 보다 생각하죠."

"맞아요. 그래서 자세하게 설명을 해드리는 거예요. 고객님은 그래도 건강하시니까 암 진단비 중복 보장될 때 같이 추가 가입해서 심사해드릴게요. 남들은 하고 싶어도 가입이 안 되는데, 고객님은 최근에 넣으신 암 치료비도 심사가 다 통과되셔서 크게 병력 변동만 없으시면 진단비와 치료비까지 완벽하게 보장이 가능하세요. 저는 이왕 준비하시는 것 제대로 넣어서 보장받으시면 좋을 것 같아요. 신규 추가해서 남은 암 진단비도 같이 넣어 드릴게요."

이렇게 보험에 대해 정확하게 알고 공부하고 있으면, 기존 고객에게도 더 도움 되는 상품을 알맞게 추천할 수 있었다.

두 번째 고객은 세 자녀를 둔 주부였다. 자녀들 보장성보험과 학자금보험은 여러 건 가입이 되어 있었지만, 정작 본인 보험은 하나도 없었다. 이럴 때 상담원으로서 드는 생각은 '어디 편찮으신 데가 있으신가?' 혹은 '본인 보험을 누가 관리해주는 분이 계신가?' 하는 생각을 하게 된다.

처음 상담 시에는 자녀들 얘기로 공감 형성을 했다. 둘도 아니고 셋이면 진짜 애국자라면서 말이다. 고객은 "저도 둘만 낳으려고 했는데 둘째가 쌍둥이라 셋이 된 거예요"라고 말했다. 나는 자녀가 없지만 조카들을 키우는 언니, 동생들을 옆에서 봐와서 육아가 얼마나 힘든지 안다. 그래서 더 고객 마음을 알 것 같았다.

이런저런 얘기로 고객의 입장에서 들어주고 얘기해주다 보면 고객은 자연스레 마음을 열게 된다. 마음이 열렸을 때 서로 사는 얘기도 하고 서로 소통하며 라포 형성이 된다. 이때 자연스레 질문을 해본다.

"고객님, 아이들 보험은 보장성에 교육보험까지 준비를 완벽하게 해놓으셨는데 고객님 보험은 다른 데 있으신 거예요?"

"저는 아직 딱히 아픈 데가 없어서요. 나가는 돈들이 너무 많아서 나중에 여유 좀 생기면 그때 해볼까 해요."

"아이들 사교육비 정말 많이 들죠? 한참 자라는 애들이라 먹는 것도 엄청 잘 먹을 거고요. 그런데 고객님, 아이들이 쑥쑥 커가는 만큼 우리도 나이를 먹어가요. 아이들 크는 것만 보다가 정작 내가 나이 드는 것은 모르고 사는 주부들이 많더라고요. 통화하다 보면 막상 아프고 나면 나만 서럽다는 얘기들을 많이 하세요. 주부들은 남편, 아이들 뒷바라지 하느라 정작 본인은 챙기기가 쉽지 않거든요. 그런데 고객님, 가정에 엄마가 행복하고 평안해야 가족이 행복해요. 물론 건강관리 잘 하시겠지만 꼭 있어야 하는 3대 경제 질병에 대해서는 건강하실 때 꼭 준비해놓으세요.
3대 경제 질병 진단비는 큰돈이 필요해서 오늘 통화되셨을 때 고객님 앞으로 진단자금만 가입해서 올려드릴게요. 이렇게 권해드리지 않으면 고객님은 평생 못하실 것 같아요. 권해드리는 게 아니라 무조건 하시라고 말씀드리는 거니까 저 믿고 해놓으시면 든든

하실 겁니다."

이 상담을 통해 고객을 정말 위하는 마음은 고객의 입장에서 무조건 고객 이야기를 잘 경청해준다고 해서 되는 것이 아님을 배우고 깨닫게 됐다. 때로는 고객의 입장이 되어서 따뜻한 말로 고객 마음을 알아주고 공감해주고 이해해주는 것도 필요하다. 때로는 같이 소통하고 같이 욕하고 같이 즐거워하는 것 또한 필요하다. 때로는 고객이 반드시 필요한 부분을 우유부단해서 결정을 잘하지 못한다면, 강하게 실행하게끔 해서 클로징 하는 것도 필요하다. 그래서 영업을 잘하기 위해서는 공감해야 하고 소통해야 하며 실행해야 하는 것이다. 꾸준히 우수한 성과를 내는 상담원은 이 3가지를 기억하고 체계적으로 준비해서 상담을 한다. 이 능력들은 타고나는 것이 아니라 연습하고 훈련하면 누구든 획득할 수 있다.

제5장

당신도 1% 텔레마케터가
될 수 있다

01 ·))

당신의 능력은
당신의 생각보다 대단하다

같은 업종에서 같은 일을 오랜 기간 하다 보면 스스로를 한계 지을 때가 많다. 나 또한 정말 힘에 부칠 때는 '이 일이 내 일이 아닌가 봐. 이제는 진짜 그만해야 하나 봐. 진짜 나의 한계를 느끼네' 하며 스스로에게 중얼거린 적도 많았다. 스스로 미리 한계를 정함으로써 내 욕망과 잠재력을 가두는 현상을 심리학에서는 '자기불구화'라고 부른다. 사람들은 흔히 '나는 소심해', '나는 한 가지 일을 진득하게 하는 집중력이 떨어져', '나는 너무 덜렁대'라고 부정적으로 자신을 정의하고는 한다. 이러한 자기불구화는 내 안에 잠들어 있는 무한한 잠재력을 억눌러 스스로를 지극히 평범한 사람으로 만들어버린다.

현재의 상황을 바꾸고 싶다면 스스로 만들어놓은 틀에서 벗어나야 한다. 그리고 한계를 생각하지 말고 도전해보는 것도 좋다. 에디슨(Edison)도 "사람이 감추고 있는 잠재력은 무궁무진하다"라고 말했다. 나의 내면에 감춰져 있는 보물을 발굴한다면 나도 깜짝 놀랄 만한 힘을 발견하게 될 것이다. 내가 나를 정의하지 않으면 남이 나를 정의한다는 말이 있다. '나는 잘될 것이다. 나는 끝에서 시작한다. 나는 매일 모든 면에서 점점 좋아지고 있다. 나는 매일 이루어진 것처럼 산다.' 내가 힘들 때마다 스스로에게 외쳤던 주문들이다.

하버드대 출신인 미국의 심리학자 F. H 올포트(Floyd Henry Allport)는 "현재의 성공에 만족한다면 그 만족감이 언젠가는 실망감과 불만으로 다가올 것이다"라고 말했다. 현재의 생활과 일에 안주하고, 현재의 생각과 꿈에 만족하며, 현재의 성과에 머무르면 아무런 목적 없이 헛되이 하루하루를 보내게 된다. 나는 이 일이 정말 매력적인 직업이라고 생각했다. 그래서 일에 대한 만족도도 높았고, 내가 하는 일이 정말 가치가 큰 일이라고 여겼다. 사명이라 생각하고 일하기도 했다. 어쩌면 텔레마케터로서 성공했다고도 할 수 있다. 꾸준히 업적을 낼 수 있었던 이유도 계속해서 노력하고 공부하는 것뿐이었다. 그것이야말로 가장 확실하고도 영원한 성공비결인 것이다.

텔레마케터는 정말 이직률이 높다. 더 좋은 조건이 있다면 퇴사하고 옮기는 경우가 많았다. 그들은 불만들이 항상 가득했다. 남 탓, 환경 탓, DB 탓. 나는 이 모든 것을 해봤자 아무 소용없다고 본다.

안에서 새는 바가지가 밖에서는 안 샐까? 물론 이직 후에 잘되는 사람도 더러 있지만, 나는 어디를 가나 똑같다고 생각한다. 차라리 일이 안될 때 왜 안되는지 방법을 찾아보는 것이 훨씬 낫다. 방법을 찾아보면서 나를 돌아볼 수도 있고, 나의 상담 실력을 한 번 더 점검할 수도 있기 때문이다.

누차 말하지만 영업은 타고난 재능으로 하는 예술이 아니다. 영업은 스스로 노력만 한다면 누구든 성공할 수가 있다. 내가 나를 믿지 않는데 누가 나를 믿어주겠는가. 이직하고 퇴사하기 전에 '정말 노력을 해봤냐?'라고 물어보고 싶다. 여러분의 능력은 여러분의 생각보다 훨씬 크고 대단하다는 것을 잊으면 안 된다. 전혀 모르는 사람들에게 무형의 상품을 전화로 판매할 수 있는 여러분은 실로 대단한 사람이다. 그런데 원인을 내가 아니라 다른 곳에서 찾으려 하니 답답하기 그지없다.

아직도 기억에 남는 신입사원이 있다. 젊은 남자 신입사원이었는데 열정이 정말 남달랐다. 목소리도 상담하기 좋은, 차분한 목소리였고 뭐든지 배우려고 하는 그 자세가 참 괜찮았다. 하루는 그 직원이 나보고 물었다.

"팀장님 출근은 몇 시쯤 하세요? 제가 내일 팀장님 오는 시간보다 10분 정도 일찍 올 건데요. 저 RP 좀 해줄 수 있을까요?"

RP(Role-Playing)는 말 그대로 직원이 상담원이 되고 내가 고객이 되어서 반론을 할 때 어떻게 응대를 하는지를 배우는 교육이다. 정말 도움이 많이 되는 공부법이다. 나도 신입 때 출근하면 매일매일 했던 기억이 있다. 우리는 서로 두 명씩 짝지어서 직접 사람들 앞에 나가서 하고는 했다. 서로 주고받고 반론 응대를 하다 보면 나도 모르게 실력이 엄청 올라가 있던 기억이 있다. 아마 이 신입도 그것을 알았던 모양이다. 나는 흔쾌히 승낙을 해줬고 최대한 반론을 많이 해줬다. 필요 없는 조사들은 최대한 하지 않도록 권했고, 군더더기 없이 깔끔하게 상담할 것을 권해줬다. 무엇보다도 자신감이 가장 중요하다고 말했다. 고객이 어떤 반론을 했는지도 집중하라면서 말이다.

그 신입사원은 실력이 정말 많이 늘었다. 가르쳐주지 않아도 센스가 있어서 제법 잘했다. 꾸준히 지금 이대로만 노력하고 상담하다 보면 이 상담원은 크게 성공할 것이라는 확신도 들었다. 텔레마케팅은 누구나 쉽게 도전은 할 수 있다. 그런데 누구나 남아 있지는 않는다. 한탕주의식으로 쉽게 돈 벌러 왔다면 쉽게 포기하고 나간다. 내 능력이 어느 정도 되는지 확인도 안 하고서 말이다. 정말 배운다 생각하고 1년만 제대로 버티고 견뎌주면 일반 사무직보다 높은 급여를 받아갈 수가 있다. 그리고 전문직이다 보니 어딜 가든 내 실력에 따라 급여를 받을 수 있다. 나 자신을 조금도 의심하지 말고, 나의 능력을 믿고 길게 내다보고 달렸으면 좋겠다.

회사가 붙잡는 텔레마케터의 1% 비밀

김태광 작가는《나는 매일 모든 면에서 조금씩 좋아지고 있다》에서 이렇게 말하고 있다.

"성공하는 인생을 살기 위해선 확고한 꿈 설정과 함께 긍정적인 사고를 지녀야 한다. 긍정적인 사고는 마음속에 희망을 품게 하기 때문이다. '난 반드시 할 수 있어', '내가 아니면 누가 하겠어?'라는 긍정적인 생각은 자신감을 갖게 한다. 자신감은 성공을 막는 장애물을 극복하게 해주고 바라는 것을 실현해주는 마법이다.

반면에 부정적인 사고는 어떨까? 성공으로 나아가는 길을 가로막는 장애물 생산 공장이다. 따라서 부정적인 사고를 하면 할수록 힘든 인생을 살 수밖에 없다. 백해무익하다. 부정적인 사고는 충분히 감당할 수 있는 일조차 포기하게 만든다. 부정적인 사고 속에는 실패에 대한 불안과 두려움이 도사리고 있기 때문이다.

'혹시 이번에 실패하면 어쩌지?', '괜히 나섰다가 창피만 당할지 몰라.'
이런 두려움은 부정적인 생각에서 비롯된다. 그래서 더 잘되고 싶고 더 잘하고 싶다면 반드시 부정적인 생각을 머릿속에서 몰아내야 한다."

김태광 작가의 말처럼 부정적인 사고는 성공으로 가는 길을 가로

막는 장애물이다. 영업현장은 경쟁 없이는 살 수 없는 곳이다. 경쟁을 두려워하는 것 또한 인간의 본능이다. 하지만 적당한 경쟁은 촉진제와도 같아서 우리 안의 잠재력을 최대한 끌어낸다는 것 또한 잊어서는 안 된다. 나는 사실 '내가 한 만큼 급여 잘 받아 가면 되지, 왜 서로 경쟁을 시켜서 이렇게 스트레스를 주는 것일까?' 하며 너무 부담되고 두렵기도 했고, 도망가고 싶은 마음도 생겼다. 그런데 긍정적으로 생각해보니 함께 일할 수 있는 동료 덕분에 나는 긴장의 끈을 항시 놓지 않았고, 내가 해이해지지 않도록 원동력을 잃지 않을 수 있었다. 그래서 나는 나의 능력을 더 발휘할 수 있었고, 날로 성장할 수 있었으며, 성공도 앞당길 수 있었다. 나보다 일을 잘하는 사람을 존중했고 받아들이게 됐다. 그리고 나도 그 자리에 오르기 위해 긍정적인 사고로 계속해서 노력하고 공부했다.

내 안에 숨겨진 잠재력이라는 에너지는 그 크기를 가늠할 수 없을 만큼 크다. 여러분 안에 잠들어 있는 거인을 사용하는 것이 관건이다. 이런 큰 능력을 가지고 있는데 이를 사용하지 않고 내버려두면 너무 아깝지 않은가. 도입 거절이 많아서 힘들 때도 많고, 내 뜻대로 일이 풀리지 않아서 힘들 때도 많을 것이다. 며칠째 계약이 나오지 않아 좌절도 여러 번 했을 것이다. 하지만 우리는 무에서 유를 창조하는 능력 있는 텔레마케터다. 나의 능력을 믿고 대단한 나를 믿으며 자신감 있게 다시 초심을 갖고 도전해보는 것은 어떨까. 당신의 능력은 당신의 생각보다 훨씬 더 대단하다.

회사가 붙잡는 텔레마케터의 1% 비밀

02 ·))

당신도 1% 텔레마케터가
될 수 있다

2007년 12월, 내가 처음 텔레마케터를 시작했던 날이다. 서울로 상경해 보험의 '보'자도 전혀 몰랐던 내가 단순히 급여를 많이 준다는 이유 하나만으로 입사를 했다. 영업하는 곳인지도 모르고 말이다. 그런 내가 지금까지 직종을 바꾸지 않고 이 일을 계속하고 있는 것을 보면, 이 일이 나하고 맞았던 것이고 이 일을 나의 사명이다 생각했던 것이었다. 원래도 내 성격은 뭔가를 선택하면 끝까지 가보자는 성격이다. 나쁘게 말하면 도전과 변화를 두려워했던 것이다. 내가 영업을 엄청난 정신적 스트레스로 받아들였다면 아무리 변화를 싫어한다고 해도 금방 그만뒀을 것이다. 그런데 나는 사람 상대하는 것이 즐거웠고 이 일이 맞았다. 내성적인 내 성격에 영업을? 친구들도 놀랐지만, 내성적이라고 해서 영업을 못하는 것은 절대로 아니라는 것도 말해주고 싶었다.

회사에서는 매사에 최선을 다했다. 가르쳐주시는 것도 스펀지처럼 잘 받아먹었고, 배운 내용들을 배운 것으로 끝내는 것이 아니라 항상 내 것으로 소화시키려고 노력했다. 내 스타일대로 말도 바꿔 보고 '이런 멘트를 활용하면 고객들이 귀를 열겠다' 싶은 나만의 스크립트도 내가 직접 수정하고 읽어 보면서 수십 번을 다듬어서 만들었다. 콜은 자신감이 반이다. 자신감이 없으면 내가 상담을 이끌어갈 수가 없기 때문이다. 사실 신입 때는 자신감이 하늘을 찔렀다. 그래서 몰라도 아는 척했다가 고객에게 혼난 적도 있었다. 시간이 지나고 보니 그것도 하나의 배움과 경험이라 생각됐고, 그 시간들이 참 소중했다.

다들 영업이 힘들다고 했지만 나는 재미있었다. 그래서인지 늘 상위권을 놓치지 않았고, 동료들에게 부러움의 대상이 되기도 했다. 내가 근무하는 회사에서는 매달 업적 우수자로 선정이 되면 직원들 점심을 사는 풍습이 있었다. 나도 첫 신입 때는 맛있는 점심을 대접받은 기억이 있다. '나도 저 언니처럼 꼭 성공해서 직원들 맛있는 거 자주 사줘야지' 하는 포부를 크게 가졌던 적이 있었다. 그런데 정말 매달 점심을 대접할 수 있는 기회를 주시니 얼마나 감사가 넘쳤는지 모른다. 물질의 축복을 주신 주님께 늘 감사했다. 내가 잘해서라기보다 나의 약함을 통해 나의 강함을 드러내시는 그분께 늘 감사했다. 감사하는 마음으로 일을 하니 그 마음이 전달되는지 고객들도 나를 참 많이 도와줬다.

회사가 붙잡는 텔레마케터의 1% 비밀

영업하는 회사라 동기부여 차 매달 문화생활도 즐길 수 있게 해주셨다. 퇴근 후 최고급 저녁 식사에 VIP 자리에 앉아 뮤지컬, 콘서트, 연극 등의 다양한 문화생활로 눈과 마음을 즐겁게 해주셨다. 그러고 나면 더 열심히 일을 했고, 하루가 한 달이 되고 한 달이 1년이 되어 지금까지 이렇게 이 일을 하고 있다. 영업을 하면 하루하루가 정말 금방 지나갔다. 매일 해야 하는 실적과 그달의 목표가 있어서 늘 부지런히 달리다 보면 시간이 쏜살같이 흘러갔다. 해외여행도 매년 무료로 다녀왔으니 나는 서울에 오길 참 잘했다는 생각이 들었다.

"원래부터 영업에 소질이 있고 타고난 것 아니에요?"라고 질문할 수도 있겠다. 그런데 누차 말했듯이 영업은 타고나는 것이 아니다. 모방하고, 모방한 것으로 듣고 끝내면 아무 의미가 없다. 그렇게 들은 것을 내 것으로 만들고 반복, 반복, 또 반복해서 노력하고 연습만 한다면 누구나 이 업종에서 성공할 수가 있다. 해보지도 않고서 '왜 나는 이것밖에 안 되지' 자책하지 말고 실행해 봐라. 영업에 대해 아무것도 몰랐던 나도 해내는 것을 보면, 여러분은 나보다 더 훌륭한 텔레마케터가 될 수 있다.

하루는 친한 동료가 일이 너무 안되어 고민이 많아 보였다. 어깨도 축 처져 있고 목소리에도 힘이 하나도 없었다. 우리 일이 계약이 잘 나올 때는 너무 신이 나고 좋지만, 계약이 며칠 연속으로 안 나오면 불안해진다. 계속 이 상태로 지속될까 하는 두려움 때문에 잠 못 이루는 분들도 많다. 나 또한 이런 일들이 수도 없이 많아서 너무 잘 안다. 인내하고 참고 노력을 해야 하는 인고의 시간이 참 많이 필요하다. 너무 힘들어서 그만두겠다는 동료에게 이렇게 물었다.

"상담한 콜 좀 들어봐도 될까?"

다음 날 일찍 출근해서 시간 내서 콜을 들어봤다. 너무 착한 콜이었다. 고객이 반론 한두 개만 하면 다 수긍해주고, 이해해주면서 끊어지는 콜들이 많았다. 사실 우리가 상담을 할 때 고객과 도입을 뚫었고 상담이 3분 넘게 이어졌다면, 이 건은 무조건 내가 계약을 해야 한다는 마음으로 상담을 이어가야 한다. 고객이 전화를 끊기 전에 내가 먼저 끊으면 안 된다는 것이다. 여러 번 반론을 했는데도 안 된다면 그것은 어쩔 수 없는 것이다. 그냥 미련 없이 끊어주면 된다. 그런데 영업하는 사람은 신뢰를 주고 착한 마음으로 콜을 해야 하지만, 너무 착하기만 하면 안 된다. 착하기도 하면서 강한 사람이 되어야 고객에게 이끌리지 않고 고객이 내 상담에 이끌려 오도록 할 수 있고, 그것이 바로 우리가 해야 할 일이다.

미국의 한 조사기관에서 세일즈맨의 성과를 조사했을 때, 48%의 세일즈맨은 고객을 첫 번째 방문해서 포기했고, 25%의 세일즈

회사가 붙잡는 텔레마케터의 1% 비밀

맨은 두 번째 방문해서 포기했다고 한다. 하지만 12%의 세일즈맨
은 온갖 시련을 극복해가면서 꾸준히 고객을 방문한 결과, 목표를
달성했다고 한다.

전화를 했을 때 고객이 부재라고 해서 그 고객을 부재로 저장해
남겨놓고, 이후에 통화내역이 없다면 이것은 내가 너무 쉽게 포기
한 것이다. 오늘 오전에 부재였다면 오후에도 해봐야 하는 것이고,
DB가 캠페인 기간이 지나서 내게서 빠지기 전까지는 매일매일 돌
려봐야 한다. 물론 고객에게 욕도 듣고 싫은 소리도 듣지만, 이런
경험들을 통해 배우는 것이 분명하고, 이런 시련을 극복하면서 나
는 성장하기 때문이다.

사람을 상대하는 것은 가장 힘든 일이다. 그래도 이를 누가 하라
고 해서 하는 것은 아니다. 다 내가 스스로 선택해서 온 것이고, 누
구보다 많은 돈을 벌어서 경제적으로 자유롭고 싶어서 온 것이다.
그럼 남들 하는 것처럼 나도 해봐야 하지 않을까. 가만히 앉아만 있
고 전화만 돌린다고 해서 돈을 벌 수 있다면 누구나 다 부자가 됐을
것이다. 영업은 호락호락하지 않다. 하지만 끈기와 인내, 내 노력만
더해진다면 누구나 잘나가는 텔레마케터가 될 수 있다. 영업이야말
로 정말 내가 한 만큼 그대로 급여로 보상해주는 일이다. 내가 원했
던 급여가 통장에 찍혔을 때에 그전에 일했던 고생들은 다 날아간
다. 열심히 살아준 나에게 오히려 고마움을 느끼게 된다.

미국의 강철왕 앤드류 카네기(Andrew Carnegie)는 무슨 일을 하든지 1등을 하려고 했다. 12세 때 방직공장에 실 감는 사람으로 취직했을 때는 세계 제일의 실 감는 사람이 되기 위해 노력했다고 한다. 그 덕분에 그는 우편배달부로 고용이 될 수 있었다. 그는 또 우편배달부가 되자 모든 집 주소를 외웠다고 한다. 그는 그렇게 어떤 일에서든 1인자가 되기 위해 노력했기 때문에 마침내 세계적인 부자이자 강철왕이 될 수 있었다.

여러분도 한 가지 일에만 전념할 수 있어야 한다. 인생은 결코 한 우물만 깊게 파는 사람을 모른 척하지 않는다. 그러나 간혹 한 가지 분야를 넘어 다른 일까지 잘하고 싶은 욕심이 생기기도 한다. 그때 자신에게 이렇게 단호하게 말하라.

"나는 한 가지 일에서 최고가 될거야."

한 가지 일에서 최고가 된다면 성공은 여러분의 것이 된다. 성공은 최고에게 주어지는 공로상과도 같은 것이기 때문이다.

일본에서 '경영의 신'으로 불리는 이나모리 가즈오(稻盛和夫)는 그의 책《왜 일하는가》에서 "신이 손을 뻗어 도와주고 싶을 정도로 일에 전념하라. 그러면 아무리 고통스러운 일일지라도 반드시 신이 손을 내밀 것이고, 반드시 성공할 수 있을 것이다"라고 말했다.

회사가 붙잡는 텔레마케터의 1% 비밀

그렇다. 당신도 회사가 붙잡는 최고의 1% 텔레마케터가 될 수 있다. 최고가 되고 싶다면 지금 하는 일에 혼신의 힘을 다해라. 그래야 성공을 떠나 이 일이 나와 잘 맞는지, 맞지 않는지를 알 수 있다.

체력부터 길러라

드라마 〈미생〉에는 "네가 이루고 싶은 게 있다면 체력을 먼저 길러라. 체력이 약하면 빨리 편안함을 찾게 되고 그러면 인내심이 떨어진다. 이기고 싶다면 네 고민을 충분히 견뎌줄 몸을 먼저 만들어! 정신력은 체력의 보호 없이는 구호밖에 안 돼"라는 명대사가 나온다.

나는 어린 시절부터 잔병치레가 많았다. 특히 초등학교 다닐 때부터 관절이 좋지 않아서 엄마는 딸의 건강을 위해 몸에 좋다는 느릅나무, 우슬뿌리 등을 찾아 먹이셨다. 그래서 나는 유난히 건강에 신경을 많이 썼고 지금도 관심이 많다. 엄청나게 과격한 운동을 하기보다 내가 할 수 있는 것을 지키고 있다. 인스턴트, 가공식품, 찬음식을 되도록 안 먹는 것과 꾸준한 스트레칭이 바로 그것이다. 나는 관절이 좋지 않아서 격한 운동은 잘 맞지 않았다. 그러나 꾸준한 관리는 나를 정말 건강하게 만들었다. 삼성증권을 퇴사하고 대학 전공으로 영양학을 선택했던 이유도 건강하고 행복한 삶을 살고 싶어서였다. 영양학 공부는 나에게 정말 큰 도움이 됐다.

하지만 서울에 올라와서 바쁘게 직장 생활을 하다 보니 먹는 것도 대충 때우는 식으로 먹게 됐다. 퇴근하고 오면 긴장도 풀리고 체력이 급격하게 떨어지면서 만사가 다 귀찮아졌다. 하루 종일 상담을 했지만 계약이 없는 날은 부정적인 생각으로 가득했고, 정신적으로 스트레스가 너무 컸다. 회사 일은 회사에서 끝내야 하는데 집까지 가져와서는 부정적인 생각이 꼬리에 꼬리를 물었다. 잠을 잘 못 자니 생활 리듬도 깨졌고 체력은 계속 떨어지고 매일 피곤을 달고 살았다. 몸이 피곤하니 부정적인 생각도 가득해졌다. 일이 잘될 리가 없었다.

체력이 떨어지고 보니 몸이 피로해져 상담하는 데 집중도 잘되지 않았다. 집중을 요하는 업무인데, 몸이 피곤하니 의욕이 생기지 않았다. 그래서 상담도 건성건성 하게 됐고 '하려면 하고 안 하려면 마세요'라는 식으로 상담을 했다. 자주 질문하는 고객에게도 화가 났다. 집에 와서도 자주 화를 냈고 이기적인 행동도 많이 해서 가족에게 상처도 줬다. '내가 왜 이렇게 됐지? 내가 원하는 것은 이런 게 아니었는데. 감정이 태도가 되면 안 되는데' 생각했다.

나는 계속 이렇게 살 수는 없다 생각했다. 일도 중요했지만 내가 이렇게 무기력해진 것은 나의 체력이 바닥이었기 때문이다. 하고 싶은 일은 많은데 해야 된다는 것도 아는데, 체력이 안 되어서 못 하니 거기에 스트레스를 받은 거였다. 그것을 깨닫자마자 바로 운동을 알아봤다. 무조건 회사에서 가까운 데로 찾았다. 회사에서 일 끝나고 바로 운동까지 마치고 집에 들어갈 셈으로 말이다. 집 근처로 알아보려고도 했지만, 회사에서 집까지 가면서 또 딴생각을 할까봐 바로 회사 근처로 등록했다. 3개월은 안 하던 운동을 하니 너무너무 힘들었다. 근육통을 달고 살았다. 몸은 아팠지만 내가 운동을 제대로 잘했다고 생각하니 뿌듯했다.

1년을 꾸준히 하고 나니 에너지도 생기고 사람이 생기가 있었다. 그날 받은 스트레스는 운동하면서 호흡만 해도 대부분 풀렸다. 하루 종일 헤드셋 끼고 긴장하며 콜 하고 나면 온몸이 붓고 경직되어 있었는데, 근육운동을 하면서 다 풀어주고 또 근력운동을 계속해주다 보니 어느새 나는 체력이 좋아지고 있음을 느꼈다. 몸이 건강하고 체력이 되니 원하는 것을 마음껏 할 수가 있었다. 체력이 되니까 상담하는 목소리에도 힘이 있었고 실력도 올라갔다. '체력이 곧 실력이다'라는 말이 있다. 체력이 되어야 내가 원하는 상담, 원하는 스킬로 고객을 설득할 수 있었다.

운동뿐만이 아니라 몸에 좋다는 영양제도 스스로 공부해서 나에게 맞는 것으로 먹기 시작했다. 필수 비타민부터 해서 나에게 부족했던 영양소들을 골고루 잘 채워줬다. 몸은 정말 정직했다. 몸에 나쁜 가공식품, 인스턴트, 찬 음식만 안 먹어도 너무 건강해졌고, 비타민은 내 삶의 활력소가 되어줬다. 나는 비타민 애호가다. 누군가 옆에서 피곤하다고 하면 무조건 비타민을 권한다. 내 몸이 건강하면 세상이 다르게 보이고, 뭐든지 할 수 있는 용기가 생긴다. 특히나 정신적으로 스트레스를 많이 받는 우리는 체력이 없으면 진짜 아무것도 할 수가 없다. 내가 건강해야 나의 삶을 사랑할 수가 있었다.

이 일을 그만두는 사람들의 대부분은 건강 때문이다. 직업병이라고 하는 메니에르증후군, 이석증, 허리 디스크. 대부분 이 질환들 때문에 그만두는 사람들이 많았다. 체력 관리는 운동선수들에게나 어울리는 말처럼 들렸는데, 직장인에게도 체력 관리는 실력을 의미할 만큼 중요하다. 성공한 사람들은 대부분이 꾸준한 루틴으로 운동을 하는 사람들이다. 어떤 운동이든 꾸준히 하는 것이 중요하다. 운동이 나의 삶이라고 보면 편하다. 꾸준히 운동을 하는 사람은 직장에서도 지속성이 높고, 좋은 에너지도 많이 준다. 또한 굉장히 긍정적이다.

강한 체력 속에 강한 정신이 있다. 체력이 강한 사람은 체력이 약한 사람들보다 꾸준하게 일을 할 수 있다. 또한 체력이 약한 사람은 본인뿐만 아니라 대인관계에서도 쉽게 짜증을 내고, 예민해서 어려움도 많이 겪는 것을 봤다. 반면 체력이 좋은 사람은 힘들 때나 좋을 때나 좋은 인상을 남겨준다. 선한 영향력으로 오히려 옆 사람을 기분 좋게까지 해준다. 또한 오랫동안 함께 일했던 사람들은 하나같이 다 체력이 좋은 사람들이면서 실력 또한 두루 갖춘 사람들이었다.

오랫동안 집필 활동을 하며 전 세계적인 사랑을 받고 있는 작가 무라카미 하루키(村上春樹)는 지속력을 유지시켜 주는 체력을 먼저 길러야 한다고 조언한다. 그는 작가로서 지속적인 작업이 가능하도록 체력이 몸에 밸 수 있게 노력할 것을 권한다. 다부지고 끈질긴 기초 체력을 기르는 것이다.

실제로 하루키는 매일 새벽에 일어나 5시간에서 6시간을 집중해서 집필하고, 그 후에는 달리기나 수영을 꼭 1시간씩 하는 자기만의 의식이 있는 작가로 잘 알려져 있다. 매일 꾸준히 하기 위해서는 먼저 체력을 길러 자신의 몸을 내 편으로 만들어야 한다. 하루키는 의지를 강고히 만들고, 의지의 본거지인 신체를 건강하고 튼튼하게 만들어서 그 상태를 유지하라고 조언한다.

박종기 씨는《지중해 부자》에서 이렇게 말했다.

"정신은 체력을 이길 수 없다. 체력이 부족하면 쉴 궁리만 하고 일이 생겨도 피하게 된다. 정신은 체력의 지배를 받기 때문이다."

"세상에는 이치라는 것이 있지. 남들보다 2배 더 벌려면 2배의 노력을 해야 하고, 10배 더 벌려면 10배의 노력을 해야 하는 거야. 근데 몸이 피곤하면 노력은 고사하고 만사가 귀찮아지거든. 일이 있어도 미루거나 대충 해버리고 말이야. 그런 일이 반복되게 되면 어떤 일도 할 수 없게 되고 스스로 도태되고 말지."

"성공하는 사람의 열정은 어디에서 나올까? 당연히 체력이라고 대답할 수밖에 없었다."

실제로 부자들은 체력 관리에 많은 힘을 쓴다고 한다. 박종기 작가의 책은 체력에 대한 중요성과 체력이 다른 어떤 것보다 앞서야 된다는 것을 알게 해줬다. 건강하면 수만 가지의 꿈을 꿀 수 있지만 건강하지 않으면 한 가지 꿈만 꿀 수 있다고 한다. 이루고 싶은 목표가 있는가. 그렇다면 당장 체력부터 길러라.

04 ·))

익숙해질 때,
가장 위험하다

에미상 남우주연상을 받은 배우 이정재에게도 10년의 암흑기가 있었다. 슬럼프가 없었냐는 질문에 그는 이렇게 대답했다.

"슬럼프는 나 자신이 만든 거라고 생각해. 내가 지금 하고 있는 일에 있어서 고마움을 조금도 못 느꼈을 때, 스스로가 오만해졌을 때 슬럼프가 오게 되는 것 같아. 지나고 나서 생각하니까. 그래서 일을 함에 있어서 감사하다는 생각을 끊임없이 해야 된다는 건 되게 중요한 것 같아. 내 동료와 같이 일하면서 고마움과 감사함, 내 팬들과의 감사함이 없어질 때 그때 슬럼프가 오는 것 같아."

그의 말처럼 슬럼프는 마음가짐에 있다. 흔히 회사에서 3, 6, 9년 차에 고비가 오는 이유도 회사와 업무에 익숙해지면서였다. 일상

적이고 익숙해진 것들에 대해 감사한 마음이 사라질 때다. 예전에는 감사했던 모든 것들이 익숙해짐에 따라 당연한 것들로 생각하게 되면서 나도 이 일을 감사함으로 하기보다는 그냥 해야 하니까 하는 식이 되어버렸다. 이런 마음가짐으로 상담을 하게 되면 고객에게도 진심으로 상담하기가 어려웠고, 형식상인 상담이 되어버렸던 것이다.

어린이보험을 판매했을 때 보상과 관련해 문의 전화가 정말 많이 왔다. 아이들은 면역력이 약해서 어느 정도 성장하기 전까지는 병원을 자주 간다. 통원비 문의뿐만 아니라 듣도 보도 못한 질병으로 아이들이 병원을 자주 찾는다. 고객 입장에서는 건강보험을 넣으면 뭐든지 다 되는 줄 안다. 잘 모르면 당연할 수 있다. 가입해준 담당자로써 친절하게 안내해주는 것은 배려라고 생각했다. 그런데 고객들이 배려를 배려라 생각하지 않고 당연하다는 듯이 너무 자주 전화를 했다. 상담이 길어져서 답변이 늦으면 화부터 내는 고객도 있었다. 아이들이 아프면 부모들이 예민해지기 때문에 당연한 거였다. 그런데 이런 전화가 너무 오면 새로운 계약에 집중을 할 수가 없어서 고객센터로 문의해보라고 전화를 회피했다.

가망고객도 약속된 시간에 전화를 했을 때 고객이 전화를 받지 않거나 딴소리를 하게 될 때도 많다. 처음에는 고객 입장에서 생각했기 때문에 그럴 수도 있다고 생각하며 고객을 이해했다. 그런데 일이 익숙해짐에 따라 나의 교만은 하늘을 찔렀다.

"고객님, 오늘 이 시간에 꼭 연락 달라고 해서 전화 드렸는데, 바쁘다고 다음에 달라고 하시면 제가 또 언제 연락드리면 되나요?"

"다음에 주세요. 지금은 바빠요."

"고객님, 저도 일이 많아 바쁘거든요. 제가 전화 드리는 것보다는 고객님이 하실 생각이 있으시면 직접 전화 주세요."

계속 피하는 고객이 기분 나빴다. 자존심도 상했다. '가입 안 할 생각이면 안 한다고 하면 서로가 편한데, 왜 저렇게 말씀을 하실까 진짜 바쁘신 것일까?' 한없이 부정적인 생각이 나를 덮었다. 짜증이 슬슬 올라오면서 일이 너무 하기 싫었다. 이런 생각을 가지면서부터 진짜 약속이라도 한 듯 일이 다 꼬이기 시작했다. 청약 철회가 들어오는 고객, 가입했던 고객이 심사 거절이 난 경우, 철썩 같이 한다고 해서 믿었던 고객마저 잠수 탄 경우 등등. 짐 싸서 어디론가 도망가고 싶었다. 익숙해지면서 나는 한없이 부정적인 사람이 되어갔다. 완벽주의적인 내 성격 때문에 마음의 병도 생겼다. 무기력해지고 더 이상은 이 일을 하고 싶지 않았다. 너무 오래 했다면서 스스로 나를 위로해보기도 했다. 결국은 갑자기 집안일이 있어서 쉬겠다고 월차를 냈다.

회사가 붙잡는 텔레마케터의 1% 비밀

하루 종일 내가 좋아했던 독서를 했다. 나는 혼자 있는 시간을 참 좋아했다. 내면의 나를 만날 수 있어서 좋았고, 오로지 나에게 집중할 수 있어서 행복했다.

그때 헤르만 헤세(Hermann Hesse)의 《데미안》에서 나온 글귀가 마음에 들어왔다.

"새는 알 속에서 빠져나오려고 싸운다. 알은 세계다. 태어나기를 원하는 자는 하나의 세계를 파괴하지 않으면 안 된다."

성공하기 위해서는 실패를 두려워하지 말아야 한다. 밤이 없는 낮이 있을 수 없듯이 실패 없는 성공 또한 있을 수 없기 때문이다. 만일 실패가 없다면 꿈을 이루고 성공한들 무슨 가치와 의미가 있을까?

이 업계에서 최고가 되기 위해서는 넘어지는 아픔을 감수해야 했다. 한 번, 두 번 실패하다 보면 어느새 나는 한 단계 성장해 있을 것이고, 웬만한 실패는 거뜬히 이겨낼 수 있는 나를 발견할 것이다. 실패는 나에게 큰 교훈과 경험, 깨달음이 된다. 누구나 나처럼 성공적인 삶을 살기를 원한다. 하지만 성공적인 삶은 스스로 노력하지 않으면 안 된다는 것을 알았다.

헤르만 헤세는 "말로 갈 수도, 차로 갈 수도, 둘이서 갈 수도, 셋이서 갈 수도 있다. 하지만 맨 마지막 한 걸음은 자기 혼자가 걷지 않으면 안 된다"라고 말하기도 했다. 그의 말처럼 성공적인 인생으로 이끌어주는 입구는 그 어느 누구도 대신할 수 없다. 단 한 사람, 나 자신만이 찾을 수 있는 것이었다.

나는 그동안 감사를 잊고 살았다. 그냥 내가 잘나서 내가 일을 잘해서 내 능력으로 지금까지 온 것으로 착각하고 살았다. 가입해주는 고객들도 내가 설명을 잘하고, 고객에게 맞춤으로 설계를 잘해줘서 당연히 가입하는 것이라고 생각했다. 이 일이 익숙해지면서 감사보다는 당연하다는 생각이 나를 사로잡고 있었던 것이다. 그래서 고객들을 처음처럼 존중해주지 못했고, 그냥 형식적으로 일을 했다. 감정이 없는 기계처럼 말이다. 익숙함을 넘어 무던해지면서 내가 위험해지는 줄도 모르고 그렇게 상담을 해오고 있었다. 그리고 지금 현실에 안주하면서 이 삶도 괜찮다며 우물 안 개구리처럼 살았다.

당연히 일을 즐기지 못하게 되면서 나의 진심도 고객에게 그대로 전달이 되지 못했다. 그래서 서로 오해가 생기기도 했다. 고객은 당연히 배려받아야 한다고 생각하는 사람들이 많다. 그렇게 대접을 받지 못했다고 생각할 때 기분 나빠 하고 떠나버린다. 이렇게 하지 않기 위해서 우리는 늘 초심을 잃지 말고, 고객 입장에서 고객이

회사가 붙잡는 텔레마케터의 1% 비밀

원하는 것이 무엇인지를 빠르게 찾아내고 도움을 줄 수 있어야 한다. 익숙함이 또 무서운 것이, 고객의 말도 잘 들리지 않게 된다. 빨리 내 말만 하고 끊고 싶어서다. 고객의 말 속에 답이 있는데 집중력 있게 경청이 되지 않으니 상담이 매끄럽게 이어지지 못하고 많은 고객을 놓치게 된다.

익숙함에서 벗어나려면 어떻게 해야 할까? 늘 자기계발에 힘써야 하고, 내가 왜 이 일을 하게 됐는지를 잊지 말아야 한다. 고객이 있어서 내가 이 자리에 있다는 생각을 늘 잊지 말고, 세상에 당연한 것은 하나도 없다고 생각해야 한다. 내가 다운되고 컨디션이 안좋을 때는 내 주변에 사소하더라도 감사한 것들을 찾아보자. 감사한 마음은 기쁨을 준다. 모든 것을 감사함으로 받으면 버릴 것이 없다. 내가 변하지 않으면 환경은 절대 변하지 않는다. 내가 기분 좋은 것, 나에게 집중하는 삶, 내가 원하는 삶, 가슴 설레는 삶이 무엇인지를 고민해보고, 힘차고 밝게 긍정적으로 나아갔으면 좋겠다.

05 ·))

TM 능력은
평생의 자산이다

평생 자산이 뭘까?

우리는 쉽게 자산이라고 하면, 우선 눈에 보이는 물질적인 것을 생각한다. 돈, 부동산, 주식 등. 우리가 이런 물질적인 것을 갖추는 것도 좋은 일이다. 하지만 이런 물질적인 자산은 언젠가는 탕진되거나 없어지기도 한다. 그러나 내가 말하고 싶은 평생 자산은 내가 그동안 경험하면서 느끼고 깨달은 나의 지적 자산을 말하는 것이다. 내가 직접 일궈놓은 텔레마케팅 능력은 누구도 탐을 낼 수가 없고, 빼앗아갈 수도 없을뿐더러 내가 가장 잘하고, 제일 자신 있는 분야다.

텔레마케팅 보험영업을 하는 평균연령이 50대를 바라보고 있다고 한다. 선호하는 직업군은 아니지만, 제대로 잘만 배워놓으면 정말 훌륭한 직업이다. 50대는 거의 퇴사를 준비하거나 노후준비들을 하는 연령인데, 텔레마케터만큼은 왕성하게 돈을 버는 연령대다. 내 능력만 잘 갖춰져 있으면 언제든지 일한 만큼 급여를 받을 수 있고, 회사 눈치 볼 것 없이 퇴사도 내가 결정한다. 나는 40대지만 텔레마케팅 보험 업계에서는 아주 어린 막내다. 보험경력은 17년 차에 접어들었다. 나이는 어리지만 수많은 고객들을 상대하면서 깎이고 깎여 지금은 내면이 단단한 내공 있는 상담원이 됐다.

꾸준히 일을 잘 해오면 사람들은 처음부터 타고나서 잘한 거라고 생각한다. 겉으로 보이는 것이 다가 아닌데 말이다. 나름 대로 엄청난 노력이 매일매일 필요했고, 수없이 무너지는 멘탈을 잡는 것은 나 자신과의 싸움이었다. 하루에도 수십 번씩 그만두고 싶었다. 그럴 때마다 마음을 잡고 일어날 수 있었던 것은 내가 이 일을 좋아했고 이 일의 가치를 알고 있었으며, 무엇보다 지금 이 경험이 절대로 헛되지 않음을 정확히 알고 있었던 덕분이다.

우리 직업에서 마인드 관리는 정말 중요하다. 그래서 지금의 나는 어떤 시련과 힘듦이 찾아와도 '왜?'라는 생각보다는 '어떻게 하면'이라는 생각을 한다. '대체 왜 내 인생은 매일 이래?', '왜 나만 이런 고통을 겪어야 할까?'가 아니라, '이 일에는 어떤 뜻이 담겨 있을까?', '어떻게 하면 그 뜻을 알 수 있을까?', '배워야 하는 것은 무엇일까?' 하고 생각을 바꿈으로 인해서 일이 정말 힘들 때도 잘 이겨낼 수 있었다.

텔레마케터는 직원을 수시로 뽑기 때문에 입사는 많다. 그런데 쉽게 적응을 하지 못한다. 그럴 때마다 나는 '요즘 젊은 사람들은 조금만 힘들면 포기해버려. 쉬운 일만 찾으려 하는 게 문제야' 하며 속으로 중얼거렸다. 조금이라도 본인에게 손해가 될까 싶으면 바로 그만둬버리는 것으로 생각했다. 일이 정말 힘들면 어떤 이유 때문에 힘든지 말을 하면 도와줄 방법들도 많은데, 무작정 연락도 없이 잠수를 타버리고 안 나와버렸다. 그래서 언제부턴가 신입이 와도 그리 반갑지가 않았다. 일을 잘 가르쳐 놓으면 연락도 없이 회사를 안 나오는 일이 많았기 때문이다. 회사에서도 그래서 경력자를 더 선호하는 것 같았다.

옛날 부모님들은 공부 못하면 기술이라도 배우면 평생 먹고산다는 말을 했다. 나는 그때는 몰랐지만, 그 말을 지금은 조금 알 것 같다. 기술 하나만 잘 배워놓으면 평생을 쓸 수 있다는 것을 몸소 경험했기 때문이다. 요즘에 영업에 있어서 텔레마케팅은 기본이다. 전화하는 것을 두려워하는 사람들이 정말 많다. 나는 전화하는 자체가 일상이라 아무렇지 않은데 말이다. 텔레마케팅에 관련해서는 어떤 고민이 있다면 들어줄 수 있고, 조언을 해줄 수 있을 것 같다. 일을 어떻게 하면 잘할 수 있는지, 일을 하다가 열정이 식고 무기력해졌을 때 어떤 방법으로 일어날 수 있는지. 그래서 내 인생에 텔레

회사가 붙잡는 텔레마케터의 1% 비밀

마케팅은 그 어떤 것보다도 값진 나의 평생의 자산이다.

하지만 일을 잘하는 나에게도 여러 번의 슬럼프가 찾아왔다. 영업을 하는 입장에서는 슬럼프가 오는 이유는 거의 비슷하다. 계약이 잘 안 나올 때, 아니면 반복되는 일상에서 오는 지루함, 무기력증, 마지막은 이런 정신적 스트레스를 이기지 못해서 오는 육체적 아픔이 대부분이다. '원래부터 나는 일을 잘했는데 DB가 왜 이래?'라고 생각하며 교만해지기까지 했다. 욕심만 조금 내려놓으면 편하게 할 수도 있는데, 그동안에 해왔던 업적들이 있고 이만큼의 업적을 해놓으면 내가 받는 급여를 알기 때문에 더 포기하기 힘든 것이다. 마음을 내려놓는다는 것은 말이 쉽지, 일을 하다 보면 가장 힘들다. 하다 보면 욕심이 생기는 것은 다 똑같을 것이기 때문이다.

나는 배우 김명민을 너무 좋아한다. 이재규 감독은 한 강연에서 "조명설치, 카메라 등을 위해서는 짧게는 30분에서 몇 시간까지 소요된다. 긴 시간을 대기해야 하는 배우 입장에서는 당연히 지치고, 감정을 유지하기 힘들다"며 배우 김명민과 MBC 드라마 〈베토벤 바이러스〉 촬영 당시의 일화를 이야기했다.

이재규 감독은 "강마에 역을 맡은 김명민 씨가 가방을 들고 몇 발자국 걸은 뒤 대사를 한마디 던지는 장면이었는데, 스태프들이 준비를 하는 30분 동안 그 동작을 정확히 19번이나 실제와 같이 반복했다"라며, "명배우라는 수식어가 괜히 붙는 것이 아니다"라고 말했다.

이어 한 시상식에서 김명민이 대상 수상소감으로 "연기를 잘할 수 없게 태어나게 해주셔서 감사하다. 그래서 매일 노력해야만 했고, 지금 이 자리에 있을 수 있는 것 같다"라고 말한 부분을 언급하며 "최고의 자리에 있음에도 끝없이 노력하는 모습이 아름다운 배우다"라고 애정을 표했다고 한다.

너무 멋지지 않은가. 이 수상소감을 나는 수십 번은 반복해서 들었다. 들어도 들어도 아직까지 감동이다. 그래서 연도대상 수상소감에서 나도 동일하게 이 수상소감을 사용했다.

"저에게 콜을 할 수 있는 달란트를 주셨는데, 100% 다 주시지 않고 80%만 주셔서 제가 교만하지 않게 해주셨고, 20%는 남들보다 더 열심히 노력했고 반복할 수 있도록 해주셨습니다. 끊임없이 배우고자 했던 마음 주심에 감사합니다."

너무 행복했다. 일이 힘들고 지칠 때마다 나는 이 수상소감을 들으며 다시 또 일어난 적이 많았다. 명배우라는 수식어가 붙는 배우처럼 나도 콜신(神)이라는 수식어가 붙을 수 있도록 늘 초심을 잃지 말아야겠다고 마음을 다시 잡고 또 잡았다.

나는 지금까지의 나의 평생 자산인 텔레마케팅을 나 혼자만 알고 끝나는 것이 아니라 아낌없이 전달하고 싶다. 나의 지식 및 경험과 깨달음, 노하우를 전달하는 선한 영향력을 주는 메신저가 되는 것이 꿈이다. 부지런히 꿈을 향해 한 걸음 한 걸음 나아가고 있다. 내가 알고 있는 것을 전부 다 책 속에 담고 있다. 내가 해야 할 일이 무엇인지를 정확히 알고 있다고 생각한다. 끝에서 시작하고 이미 이루어진 것처럼 살 때 모든 것이 행복하고 즐겁다.

이 챕터의 끝으로 내가 인상 깊게 읽은 브렌든 버처드(Brendon Burchard)의 《백만장자 메신저》 속 이야기를 남긴다.

"상황에 매몰되지 말고 큰 비전과 꿈을 가져라. 모든 좋은 결과는 천천히 나타난다는 점을 절대로 잊지 말기 바란다. 큰 기회가 오기를 인내하고 기다리면서 자신의 일이 매우 중요하고 언젠가 수많은 사람들을 돕게 될 것이라는 점을 항상 마음에 새겨라. 당장의 현실이 발목을 잡는 것처럼 느껴지더라도 커다란 꿈을 소중히 간직하라. 자신의 잠재력과 원대한 미래를 믿어라. 그러면 시작 단계에서 어려움을 겪더라도 자신감이 생기고 일을 계속할 수 있게 될 것이다."

06 •))

나는 TM에서
진짜 나를 찾았다

요즘 사람들은 나를 찾아가기 위한 다양한 노력들을 꾸준히 한다. 살면서 '내가 누구지? 왜 내가 여기서 이러고 있지?'라는 생각을 한 번이라도 해본 적이 있는가? 나는 지금까지를 생각해보면 없었던 것 같다. 나의 마음을 들여다보고 나를 찾아가는 과정이라는 문장을 책에서 몇 번 봤을 때도 크게 감흥이 없었는데, 이 일을 오래 하면서 내 나이 40세가 넘어가니 조금씩 나를 들여다보는 것이 필요함을 절실히 느꼈다.

'나는 누구인가? 나의 삶의 목적은 무엇인가?'
내가 어떤 것을 할 때 재미있어 하고 기뻐하는지 정확히 아는 것은 너무너무 중요했다. 나를 잘 알아야 내가 어떤 것에 행복을 느끼고 기쁨을 느끼는지 알 수 있을 것 같았다. 남들이 정해놓은 틀에

회사가 붙잡는 텔레마케터의 1% 비밀

맞춰 학교를 졸업하고, 취업하며, 결혼하고, 자녀를 낳고 이런 것들이 아니라 내가 내 삶의 주인이 됐을 때 인생이 행복할 것 같았다. 평범한 삶이 아니라 특별한 삶을 살고 싶어졌다.

누구보다 나는 이 일이 나의 천직이라고 생각해왔다. 사실 이 일 말고는 잘할 수 있는 것이 없다고 생각했다. 그런데 평생 콜만 하면서 살 수는 없는 일이었다. 텔레마케팅을 통해 내가 배웠던 수많은 지식들을 나만 알고 끝내는 것이 아니라, 나의 지식과 깨달음을 가르쳐주고 싶은 마음이 컸다. 내가 입사할 때만 해도 제대로 텔레마케팅을 가르쳐주는 분이 없었다. 상품 교육 정도는 해줬지만, 모든 콜에 노하우를 전달해주는 분들은 없었다. 여러 시행착오들이 많았지만, 부딪히면서 삶에서 직접 터득한 지혜들이 많았다. 그래서 나는 《TM은 결과로 말한다》로 첫 책 출간을 하게 됐다. 베스트셀러가 됐고, 많은 대중들에게 인기가 있었다. 실제 사례담과 경험담이 들어 있어서 도움이 많이 됐다는 내용들이 대부분이었다.

"성공해서 책을 쓰는 게 아니라 책을 써야 성공한다"라는 슬로건 아래 나는 책을 쓰게 됐고, 벌써 두 번째 책도 집필했다. 내가 무엇을 해야 하는지 나의 삶의 목적을 정확히 알았기 때문이다. 나는 주님의 소중한 딸이고, 내가 가진 지식과 경험을 가르치고 전달하는 일을 해야 함을 깨달았다. 단순히 TM의 노하우뿐만 아니라 TM을 잘하기 위해서는 정말 중요한 것은 마인드 관리라는 것을 말하고 싶다. 유리 멘탈이라면 쉽게 상처받고 오래 근무를 할 수가 없고, 정신적인 스트레스에 나자빠지는 경우가 너무너무 많다. 나라는 존재가 누구인지를 정확히 알아야 하고, 내가 왜 이 일을 하고 있는지, 내가 어떤 마음으로 이 삶을 창조해나가면서 살아야 하는지를 정확히 알려주고 싶다.

나도 의식이 깨어 있지 못했을 때는 매일 돈을 벌어야 하는 내 자신이 너무 한심하게 느껴졌다. 왜 내 삶은 나아지지 않나 신세 한탄만 했다. 보이는 현실에만 마음을 두니 열심히 살아왔던 것에 비하면 현실은 나아지는 것이 없었고, 삶은 버겁기만 했다. 하지만 의식 성장 공부를 하면서 내가 겪는 모든 시련은 이미 내가 계획했다는 것을 알게 되며, 나의 관념이 완전히 바뀌게 됐다. 나에게 오는 시련과 아픔을 대하는 자세가 변했다. 그러면서 나는 이 시련을 오히려 감사함으로 받았고, 이 시련을 통해 내가 또 한 단계 성장할 수 있겠구나 하며 시련을 변형된 축복으로 받아들였다. 이 시련을 이겨낼 줄 아는 방법은 나 자신이 가장 잘 알고 있었다.

고객을 상대하는 것이 버거울 때가 참 많았다. '사람이 어떻게 이러지?', '내가 자기 감정쓰레기통이야?' 화가 치밀어 오를 때도 많았다. 그럴 때마다 이를 악물며 참고 버텼다. 내가 지금 이 상황이 힘들다고 피해봤자 다른 데 가도 동일할 것 같았다. 좋은 조건으로 이직을 한다 한들 내 마음이 변하지 않으면 거기 가서도 몇 달은 편할지 몰라도 동일한 결과가 나올 게 뻔히 보였기 때문이다. 내가 근무하는 회사의 고객이 이런다고, 다른 회사에 간다고 해서 고객 성향이 바뀌는 것은 아니지 않은가. 피할 것이 아니라 내가 극복해야 할 문제라고 생각했다. 고객에 대해 더 공부하고 연구하기 시작했고, 결국 고객은 모두들 인정받고 싶어 하는 심리가 본능적으로 있다는 것을 알게 됐다. 무조건 마음을 비우고 고객을 이해하려고 정말 애를 많이 썼다. 틀린 것이 아니라 다름을 인정하면서부터 바뀌기 시작했다.

나 또한 고객들에게 인정받고 싶은 욕구가 가득했다. 그래서 고객이 내 상담에 응해주지 않고 반박하면, 전문가인 내 말을 잘 들어야지 왜 이겨 먹으려고만 하는지 답답해 했다. 하지만 나부터 고객을 인정해주기 시작하자 고객도 나를 인정해주기 시작했다. 그동안의 나의 교만함과 나의 어리석음에 참 나를 많이 돌아보게 됐다. 고객을 통해서 나를 보게 되면서 진짜 내 모습이 어떤 것인지를 정확히 볼 수 있었다. 내가 싫으면 고객도 싫은 거고, 내가 좋으면 고객도 좋은 것이다. 고객과 내 생각을 정확히 일치시켜 상담하면 서로가 웃을 수 있었던 것을, 왜 고객을 이겨 먹으려고만 했는지 지금 생각해보면 너무 부끄럽다.

"고객님, 오늘도 고객님을 통해서 제가 또 배웁니다."

"그런가요? 별것 아닌 건데 그렇게 얘기해주시니 기분이 좋네요."

"고객님은 가입을 통해 보장 혜택을 받지만, 저는 보장 혜택보다 더 높은 지혜를 얻어갑니다. 감사합니다."

사실 TM을 하면서 고객들이 나를 통해서 참 많은 것을 배우고 얻어간다고만 생각했다. 내가 항상 주는 입장이라고 생각했기 때문이다. 그런데 큰 착각이었다. 오래 근무하고 사람을 상대하면서 나는 고객들에게 돈 주고도 배울 수 없는 귀한 지식과 지혜를 정말 많이 배우고 얻었음을 알았다. 건강에 대해서, 돈 관리에 대해서, 사람을 대하는 배려에 대해서 등 셀 수 없이 많았다. 그런데 그동안 이 소중한 것을 잊고 살았던 것이다.

성공한 사람들 대부분이 숱한 실패와 불행을 딛고 지금의 자리에 올랐다. 그래서 그들이 걸어온 길은 수많은 상처와 눈물자국으로 뒤덮여 있다. 미국의 제16대 대통령 에이브러햄 링컨(Abraham Lincoln)은 누구보다 실패로 점철된 인생을 살았다. 그의 실패 경력을 들여다보면 좌절과 절망으로 죽음에 이르지 않은 것만 해도 다행이라는 생각이 들 정도다. 그러나 그는 이런 숱한 실패에도 삶을 포기하지 않았다. 오히려 언젠가 자신에게 찾아올 성공의 날을 위해 더욱 열심히 노력하며 준비했다. 그 결과 51세에 드디어 미국의 제16대 대통령에 당선되는 기쁨을 안을 수 있었다. 링컨은 "난 준비할 것이다. 그러면 언젠가 기회가 올 것이다"라는 명언을 남겼다.

회사가 붙잡는 텔레마케터의 1% 비밀

사람들은 링컨이 30여 년 가까이 실패를 했다고 생각할지 모르지만, 나는 그렇게 생각하지 않는다. 그가 30여 년의 세월 동안 기회를 잡기 위한 준비를 했다고 생각한다. 그가 미국의 대통령이 될 수 있었던 것은 이런 오랜 준비가 있었기 때문이었다. 어떤 상황에 처하더라도 굴하지 말고 최선을 다해야 한다. 그래서 기회를 잡을 수 있는 준비된 사람이 되어 있어야 한다. 그러기 위해서는 평소 자기관리, 자기계발을 통해 부지런히 자신의 능력을 갈고닦아야 한다.

우리 주위에는 수많은 기회들이 있다. 다만 우리 스스로가 그것이 기회인지도 모른 채 스쳐 지나간다. 어쩌면 여러분이 아무 생각 없이 살았을 어제, 기회를 놓쳤는지도 모른다. 그리고 지금 이 순간, 자신을 알아주기를 간절히 바라는 기회를 외면하고 있는지도 모른다. 나는 TM에서 진짜 나 자신을 찾았다. 그동안에 잘 견뎌주고 인내해준 나에게 너무 고맙다. 한 분야의 최고가 되기 위해 지금까지 준비하면서 잘 참고 기다렸더니 수많은 기회의 문들이 열리고 있었다. 나는 TM 분야의 최고의 코치, 강연가가 될 것이다. 이것이 바로 나의 사명이다.

여러분 자신이 다른 사람에 비해 항상 기회가 없다고 여기지는 않았는가? 그렇다면 그동안 어떤 모습으로 하루하루를 보냈는지 되돌아봐야 한다. 지금껏 보낸 시간들처럼 앞으로도 그렇게 무의미하게 보낸다면, 언제까지나 기회를 발견할 수 없을 테니까 말이다.

회사가 붙잡는 텔레마케터의 1% 비밀

제1판 1쇄 2024년 5월 3일

지은이 김수경
펴낸이 한성주
펴낸곳 ㈜두드림미디어
책임편집 김가현, 배성분
디자인 디자인 뜰채 apexmino@hanmail.net

㈜두드림미디어
등 록 2015년 3월 25일(제2022-000009호)
주 소 서울시 강서구 공항대로 219, 620호, 621호
전 화 02)333-3577
팩 스 02)6455-3477
이메일 dodreamedia@naver.com(원고 투고 및 출판 관련 문의)
카 페 https://cafe.naver.com/dodreamedia

ISBN 979-11-93210-70-3 (03320)